लँगोटियाज़

मनोज जोशी

First Published in April 2023

ISBN: 978-93-5741-457-9

BLUEROSE PUBLISHERS
www.BlueRoseONE.com
info@bluerosepublishers.com
+91 8882 898 898

Cover Design:
Muskan Sachdeva

Typographic Design:
Pooja Sharma

Distributed by: BlueRose, Amazon, Flipkart

समर्पित सनातन संस्कृति को

उपन्यास का सारांश

ये उपन्यास लंगोटियाज पाँच दोस्तों की कहानी है जो अलग – अलग क्षेत्रों में ऊंचाईयों पर अपने संघर्ष से पहुँचे हैं, जिनकी दोस्ती चार दशकों से बरकरार है। बचपन से पढ़ाई, खेलकूद, शादी – विवाह, जिम्मेदारियों से गुजरते हुए वो एक टीनएजर सोसाइटी में अपना बुढ़ापा साथ रहकर बिताना चाहते हैं। इस उपन्यास में मैं और आप या यूँ कहें हम सभी थोड़ा – थोड़ा शामिल हैं। इस उपन्यास में मेडिकल कॉलेज की लव स्टोरी है, पहाड़ की लव स्टोरी है, स्नेह, प्यार, रोमांच, गुस्सा और डर जो इनको फील होता है, वो सब है।

सुधीर के गाल पर थप्पड़ उतनी जोर से नहीं लगा था, जितना उसके ईगो पर लगा था, उसकी सैल्फ रिस्पैक्ट पर लगा था। नींद तो कोसों दूर थी। दोनों हाथों की नसों में एक खिंचाव सा था। सर सोचते–सोचते भारी हो रहा था। उसने अपने रूम की बत्ती जला ली, एक गिलास पानी पिया, फिर लेटा बेचैनी होने लगी। वाशरूम जाकर टॉयलेट मे बैठा, फिर छत पर जाकर टहला, फिर नीचे आया, फिर जाकर कमरे में बने छोटे से टैंपल के आगे जाकर खड़ा हो गया। सामने माँ की दी हुई गणेश जी की मूर्ति थी। अचानक जाने क्या हुआ फूट–फूटकर रो दिया। सारा स्ट्रैस जैसे आंखों के रास्ते निकल गया। वो बिस्तर पर गया और नींद आ गई, मगर आंखें बंद करने के पहले उन आंखों में आने वाले तूफान का संकेत था। मौसम वैज्ञानिकों की लैंगवेज मे कहें तो वैस्टर्न डिस्टबैंस का रीजन बन रहा था।

इसी उपन्यास से.

भूमिका

सारांश

ये उपन्यास लंगोटियास, अंडरवियर फ्रैंड्स, एशियाई कान्टिनेन्ट की सबसे कॉमन भाषा हिंग्लिश में लिखा गया है, ये उपन्यास बचपन के कुछ दोस्तों की कहानी है जो अपने जीवन में पैंतीस बरस दोस्ती को निभा चुके हैं। उनका बचपन, अलग अलग परिवारों में पैदा हुए, अलग अलग तरीके से बीता, दोस्ती में उनका आचार, उनका व्यवहार सबकुछ अलग था, उनकी परवरिश अलग तरीके से हुई थी, उनकी सोच अलग थी, मगर एक चीज कॉमन थी, वो सब के सब अच्छे हृदय के, समाज के लिए, देश के लिए, राष्ट्र के लिए सोचने वाले संस्कृति प्रेमी और साफ–सुथरे पहाड़ में रहने वाले लोग थे। ये उपन्यास उन्हीं पाँच दोस्तों के अन्दर घूमता है जिसमें कहानीकार ने 'मैं' कहकर स्वयं को संबोधित किया है जो कि इस कहानी का स्वयं एक पात्र है और बांकी पात्रों की कहानियों को उसने अपने शब्दों में कहा है। इसमें एक कोस्टगार्ड कमाण्डर की कहानी है, किस तरह से जीवन का संघर्ष करके उसने एग्जाम निकाला, किस परिवेश से वो आया था, कहाँ–कहाँ उसने जॉब किया, जॉब में किस तरह की मुश्किलात आई, उसका प्रेम कैसे परवान चढ़ा, प्रेम में क्या समस्याएं आईं, किस तरह से सोशल मीडिया एक हथियार की तरह लोग इस्तेमाल करते हैं, किस तरह से इसके नकारात्मक साइबर क्राइम होते हैं और किस तरह से एक आम इंसान इसका सामना करता है। ये उपन्यांस जहाँ इन चीजों को बताता है, वहीं पर ये प्यार की

मीठी आंच भी दिखाता है, वासना रहित प्यार क्या होता है, मेडिकल कॉलेज की लव स्टोरीज कैसी होती हैं, एक हिल स्टेशन में रहने वाले लोग किस तरह से प्रेम करते हैं, किस तरह से उनके प्रेम में पवित्रता होती है, बिना कहे किस तरह से एक—दूसरे के प्रति आपसी लगाव रहता है, यही इस उपन्यास की विशेषता है। इसमें प्यार का रोमांच है तो गुस्से निर्दयता, बहादुरी और मानवीय संवेदनाओं की बातें भी हैं। संयुक्त परिवार क्या होते हैं, संयुक्त परिवार की समस्याएं क्या होती हैं, संयुक्त परिवार में लोग एक—दूसरे से कितनी मोहब्बत करते हैं, इसका जिक्र भी इस उपन्यास में है। इस उपन्यास में जो पात्र हैं वो लार्जर दैन लाइफ हैं, एक बुआजी हैं जो कहानीकार की माँ से भी बढ़कर हैं, इसमें एक पहाड़ के डॉक्टर साहब हैं जिन्होंने अपना पूरा जीवन गरीबों को समर्पित किया है, इस किताब में एक डॉक्टर दोस्त है जो अपनी प्रेम कहानियों के लिए मशहूर है लेकिन दिल का साफ है, बहुत बहादुर है और समाज को अपने तरीके से, अपने एंगिल से सुधारने की कोशिश पर लगा रहता है, इस उपन्यास में कहानीकार की अपनी बेटी है, एक पहाड़ी छोटे शहर में पैदा होने के बाद किस तरह से वो अपनी बेटी की परवरिश करता है, किस तरह से उसके टैलेंट को पहचानता है, किस तरह से उसके टैलेंट को दिशा देता है और किस तरह से उसे आई0आई0टी0 जैसे बड़े एग्जाम में सिलेक्ट करवाता है, ये घटनाक्रम भी इस किताब से आपको मिलेगा। यह उपन्यास युवाओं के लिए एक प्रेरणा है, पुराने लोगों के लिए पुरानी चीज़ें, अतीत में खोने के लिए एक खूबसूरत रास्ता है। ये उपन्यास संवेदनशीलता की चरम ऊंचाईयों को छूता है। यह उपन्यास हांस्य, व्यग्य और प्यार की रोमांचकारी गुदगुदियों से भरा हुआ है, इस उपन्यास के

पात्र हम और आप हैं, जब आप इस उपन्यास को पढ़ते जाते हैं तो इसमें खुद डूबते जाते हैं। यह उपन्यास फिल्म नहीं है, यह जीवन की सत्य घटनाओं पर आधारित है, इस उपन्यांस के पात्र ऐसा लगेगा कि जैसे आप और मैं हैं, उनके नाम, उनके घर, उनका निवास, उनका रहन–सहन बिल्कुल आम है और ये पात्र मैं और आप ही तो हैं और यही उपन्यासकार और कहानीकार ने इस नॉवल में कहने की कोशिश की है।

इस उपन्यास को लिखने में मेरे पूरे परिवार का भरपूर सहयोग रहा, मेरे सभी मित्रों का जो थोड़ा – थोड़ा इस कहानी में शामिल हैं का भी योगदान रहा सबको साधुवाद, खासकर इस उपन्यास को टाइप करके इस स्तर तक पहुँचाने के लिए मेरे मित्र श्री हरीश चन्द्र आगरी जी का मैं हृदय से आभारी हूँ जिन्होंने टैक्सट देखकर नहीं ऑडियो सुनकर टाइप किया है।

****

दिसम्बर 9, 2022   मनोज जोशी

विसलिंग वुड्स, हल्द्वानी

अनुक्रमणिका

द कमाण्डर रूथलैस, ऑवसैस्ड लवर

जैसे ही अरूण ने कमाण्डर के बारे में पूछा मैंने अरूण को वो कहानी सुनानी शुरू की जो मेरे दिल के करीब थी... मेरे कमाण्डर दोस्त सुधीर सहाय की कहानी। सुबह सवा छः बजे मेरी नींद खुली, अपने रूटीन से एक घंटा देर से। थकान सी हो रही थी। मूड नहीं बना उठने का, पर मन मार के उठा। खिड़की पर लगा कर्टेन खिसकाया, ताजी धूप कमरे में आई, थोड़ी देर सोचता रहा, नेचर कभी लेट नहीं

होता, सबको हर वक्त हर चीज बराबर देता है, फिर लेज़ीपन में लेट गया। मोबाईल उठाया, अपने दोस्तों के नाम स्क्रॉल करता रहा। पता नहीं क्या मूड आया सुधीर को कॉल लगाया, घंटी बजी, कोई रिस्पॉन्स नहीं, फिर लैंडलाइन पर ट्राई किया। दो घंटे के बाद उसके सर्वेंट ने उठाया। मैंने पूछा ''कहां हैं सहाब''? बोला ''पता नहीं सर, ड्रॉअर से रिवाल्वर निकाली, गाड़ी निकाली और चले गए''। मैंने पूछा– कितनी देर हो गई? बोला बस निकले ही हैं। मैंने सैल बंद किया, जेब में पर्स रखा, नाइट सूट पहने ही लगभग दौड़ता हुआ सेकेण्ड फ्लोर से नीचे उतरा। नीचे पहुँचकर मैंने कार स्टार्ट की और चल दिया। मेरा दिमाग उफ्फ! ऐसे हार्ट बीट बढ़े थे कि पूछो मत। मैं जानता था, वो कहाँ गया है। कार मेरी मेन रोड में आ गई थी और मैंने उसे पोरवरिन की तरफ घुमा दिया था। मन ही मन मैंने अंदाजा लगा लिया था कि जहाँ के लिए वो निकला है, मुझे इस रास्ते से दस मिनट कम लगेंगे। ये दस मिनट हमारे जीवन के सबसे महत्वपूर्ण दस मिनट थे। ये दस मिनट दो जिंदगियां बचा सकते थे, छः जिंदगियां सँवार सकते थे और मैं ये करना चाह रहा था। कार चलाते – चलाते मुझे सुधीर के साथ अपनी पहली मुलाकात याद आ गई।

वो 1987 का अक्टूबर का महीना था, हम छः लड़के क्रिकेट पर डिस्कशन कर रहे थे। ये अल्मोड़ा शहर का कॉलेज था।

अल्मोड़ा : जादूनगरी

अल्मोड़ा जैसा खूबसूरत हिल स्टेशन, जहां एक बार निकल जाओ तो फीलिंग ही अलग होती थी। ये बात तो बहुत पुरानी है, तब इंटरटेंनमेंट के साधन बहुत नहीं होते थे, फिल्मस् का क्रेज अमूमन हर फैमिली में होता था, मुहल्ला ग्रुप बनाकर मूवी जाता था, अच्छी धार्मिक फिल्म आ जाए तो लेडीज की टोली सिनेमा हॉल पहुँच जाती थी, ऐसी टोली या तो रामलीला देखने जाती थी या फिर आतिशबाजी की दिवाली पे एक–दूसरे की छतों पर या फिर महाशिवरात्रि के व्रत पर आस–पड़ोस के मंदिरों में। बच्चों को ज्यादातर क्रेज क्रिकेट का होता था। हाथ में फड़कियाट, सैल्फ मेड बैट लेकर टाउनस्कूल ग्राउंड में दिन भर क्रिकेट होता था और

जो मेल्स थे, चालीस के ऊपर के, उनका क्रेज था ताश खेलने में या 'बंसल कॉफी हाउस' में बैठकर पॉलिटिक्स डिस्कस करने में। कुल मिलाकर ये नगर एक जागरूक नगर था, यहां हार्मोनी, मेल—मिलाप अव्वल दर्जे का था। क्राइम किसी भी तरह का इस शहर में नहीं था और आबो हवा तो बेहद शानदार थी। जाड़ों में स्नोफॉल होता था तो स्नोफॉल से पहले की शांति, क्लाउडी स्काई, अंधकार एक रूमानियत पैदा करता था और स्नोफॉल में तो मानो नेचर शायद ही इतना प्लैजेंट किसी और सिटी में रहा हो, बर्फ की सफेद चादर अद्भुत होती थी, इसके अलावा आप अगर मोहल्ले की थोड़ा इंटीरियर साइड चले जाएंगे तो झिटालू (पहाड़ी झाड़ी) लगी रहती थी। उस झिटालू घास के पास से गुजरने पर एक लहर सी दिल से उठती थी और भिंगो देती थी। वहां बचपन के दोस्तों की बहुत यादें आती थी। जब हम झिटालू की बंदूक बनाया करते थे, पीछे से झिटालू की लकड़ी का ट्रिगर होता था और आगे झिटालू का ही बीज होता था। ट्रिगर आगे खिसकाने पर पटाक्क की आवाज के साथ बीज निकलता था। उस दौर ये सब बड़ा एडवेंचर देता था। हम लोग ठिठक कर अक्सर इस झिटालू की झाड़ी के पास खड़े रहते थे और बहुत छुटपन के दिनों को याद करते थे। हम अपने घर की तरफ जाने वाली सड़कों पर अक्सर टायर चलाया करते थे। एक गिल्ली के सहारे क्या खूब भागते थे टायर के साथ। कभी—कभी तो पूरी शाम सिर्फ टायर ही चलाते थे। इस खूबसूरत शहर में सुबह की सुनहरी धूप घाटियों से पिघलकर जो कोहरा—कुहांसा बनाती थी, वो नजारा अद्भुत होता था। उसकी नर्म ठंडक आपको भीतर तक भिगा देती थी। सितंबर—अक्टूबर में आसमान में बादल सैकड़ों रंग बदलते हैं। उनकी आंख—मिचौली के बीच

मोहल्ले में बच्चों के खेलने का शोर, ये अनुभव आपको मदहोश कर सकता था। शांत फिजा में विंटर्स की बर्फ का गिरना और ऊंचे पांगर के पेड़ों के बीच सुनहरी धूप का छनकर आना और पत्तों में जमीं बर्फ का पिघलकर एक टप–टप की आवाज आपकी सांसों में घुलती थी। खेलते–खेलते अचानक शाम को बादल घिर आते थे। बारिश की मोटी बूंदें और मिट्टी की सौंधी खुशबू... मिट्टी में जादू होता है क्या! फिर तेज दुपहरी में जंगली लाल सेब (घिंघारू) खाना, झाड़ियों से आती हुई खुशबू और अचानक ठंडी हवा का झोंका। प्रकृति अगर कहीं उदार हुई है तो शायद हमारे अल्मोड़ा शहर में। ऐसी ही गुनगुनी धूप अक्टूबर की खासियत होती है और हम लोग इस वक्त इसका पूरा लुत्फ उठा रहे थे। तभी उस डिस्कशन में एक और लड़का शामिल हो गया, उसका तलफ्फुस अच्छा था, बीच में अंग्रेजी भी बोल रहा था। क्लास शुरू होने की खबर आई पर धूप छोड़कर काण्डपाल सर की फिजिकल कैमिस्ट्री की क्लास में जाने का मूड नहीं बना। बहुत चाटता था। डिस्कशन का दौर चलता रहा। बायो ग्रुप की लड़कियां गुज़रीं तो ये डिस्कशन हल्का हो गया। सब धूप और आँख दोनों सेंक रहे थे। इसी डिस्कशन के दौरान हमारा इंट्रो हुआ और फिर हम कब बहुत पास आ गए, पता ही नहीं चला। सुधीर एक आर्मी सुबेदार का बेटा था, रिटायरमैंट के बाद माँ–बाप अल्मोड़ा बसने वाले थे पर अभी रिटायरमैंट में साल भर का टाइम था तो वो कमरा लेकर नर्सिंगबाड़ी मोहल्ले के एक घर में रेंट में रहता था, वो आर्मी फोर्स में जाने के लिए क्रेजी था, एन0डी0ए0 में दो बार बाहर हो चुका था और सी0डी0एस0 को देने का प्लान था। स्मोकिंग, शराब, छोकरीबाजी इन सबसे दूर अपने गोल के लिए क्रेजी था। कल्चर्ड लड़का

था। यही कारण था कि हमारे रिश्ते हमारी समान हैबिट्स के चलते स्ट्रॉंग हो गए थे। मैंने उसका इंट्रो अपने लंगोटिया यारों नवीन, गिरीश और मोहित से भी करा दिया था। हमारा पांच लोगों का ग्रुप हो गया था और लाइफ का सबसे बेस्ट टाईम, 'द कॉलेज टाईम' मस्त गुजरने लगा। मगर आप दशकों का कम्पैरिजन करेंगे तो पाएंगे कि मूवीज, स्पोर्ट्स, लिटरेचर, म्यूजिक और सोसाइटी, मोहल्ला, कल्चर, वेदर और फेस्टिबल के हिसाब से साठ से पिचासी तक का ये दो ढाई दशक बेहतरीन रहा है। हम यहां अल्मोड़ा शहर में करीब 1974 में आए थे। अल्मोड़ा एक हिल स्टेशन था, अब उत्तराखण्ड के कुमांऊ रीजन का सांस्कृतिक शहर। कहते हैं शहर में अपनी तरफ खींचने की अद्भुत क्षमता थी। यूं तो शहर में ऐसा कुछ नहीं था कि बड़ी–बड़ी बिल्डिंग्स हों, आज की तरह के मॉल हों, कोई झील हो, नदी हो। पर एक जुम्बिश थी, एक कशिश थी यहां की आबो हवा में, कुछ तो था यहां। आज जब मैं कार चलाते हुए तीस बरस पहले की बात सोच रहा हूँ तो मेरे पेट में सीने तक एक हूक सी उठ रही है, हाथ स्टेयरिंग पर कंपकपा से रहे हैं, तीस बरस पहले की यादें जैसे परत दर परत खुलते जा रही हैं। अचानक सामने कार की विंड स्क्रीन पर, क्या है ये......? विशाल आकृति........ हाथ मे तलवार, आंखों में गुस्सा, मैंने तेजी से ब्रेक मारा, चीं चीं चीं वाइस के साथ कार रगड़ती हुई खड़ी हो गई, मैं हाफने लगा था, वहां कोई नहीं था... किसकी थी वो आकृति? ये मेघनाद था, द परफैक्ट वॉरियर।

शाम के सात बजे रामलीलाएं शुरू हो जाती थी, अल्मोड़ा शहर की रामलीलाएं बहुत प्रसिद्ध रहीं हैं, इन्हें देखने दूर देहात से लोग आते थे, हमारा बचपन भी इन्हें देखकर ही बड़ा हुआ। हम सब बच्चे अपने दादू का हाथ

पकड़कर जाया करते थे। आधी रात तक माइक लगाकर स्टेज सजाकर अक्टूबर माह की गुलाबी ठंड में जमन दा की दुकान की भुनी हुई मुंगफलियों के साथ इन्हें देखना दीवानगी थी, और फिर झुंड के झुंड वापस लौटते थे। इस साल की रामलीला में मैं एक ही दिन जा पाया था, मेघनाद वध के दिन, उस दिन की लीला के बाद मैं सो नहीं पाया था। बहुत ट्रैजिक रोल किया था उस एक्टर ने मेघनाद का। यूं तो मेरे ग्रैण्डपा ने मुझे ढेरों स्टोरीज नैरेट की थी, पर मेरे अंदर मेघनाद को लेकर एक क्रेज पैदा हो गया था। फिर जैसे–जैसे मैं बड़ा होता गया, मैंने किताबों में इसका अध्ययन किया और मेघनाद और कर्ण के लिए अपने अंदर एक संवेदना विकसित होती हुई देखी। खैर फिलहाल मैंने खुद को संतुलित किया, अपने इल्यूज़न से बाहर आया, कार दोबारा स्टार्ट की और चल दिया। बारिश शुरू हो गई थी। जब मैं उठा था सुनहरी धूप खिली थी, इक्का–दुक्का बादल थे, पर अचानक बारिश, मौसम भी कब बदल जाते हैं पता ही नहीं चलता। अब मैं कार संभल कर चला रहा था, जब से मेघनाथ की वो जाइण्ट इमैजिनेशन आई थी, मैं इमोश्नल हो गया था, मुझे कॉलेज का वो लैक्चर कम्पटीशन याद आ गया जिसका विषय था – पौराणिक चरित्र और उनके वर्तमान में रिलिवेंस। जब ये विषय अनाउंस हुआ था, मेरे अंदर बेचैनी सी थी इसमें भाग लेने की। मगर पिछले चार वर्षों में मैंने डिबेड कॉम्पटीशन में भाग लेना छोड़ दिया था, उससे पहले मैं इण्टर कॉलेज का सेलिब्रिटी डिबेटर था। रैलीज, एनुअल स्पोर्टस जो होते हैं, उनमें ढेरों शील्ड और कप मैंने अपने कॉलेज जी0आई0सी0 अल्मोड़ा को दिलाए थे, तभी तो ट्वैल्थ क्लास की विदाई समारोह में मेरा जिक्र इसी के चलते हुआ था।

G.I.C. Almora

स्कूल, जिसके लिए कुछ भी करेगा !

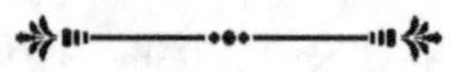

राजकीय इण्टर कॉलेज अल्मोड़ा का हॉल आज विद्यार्थियों और शिक्षकों से खचा–खच भरा था। आज दिन भी तो खास था, बारहवीं कक्षा के बच्चों का विदाई समारोह। ये कॉलेज इस क्षेत्र के प्रतिष्ठित कॉलेजों में से एक था। यहां की पढ़ाई, यहां का अनुशासन, यहां की प्रतिभाओं का पढ़ाई, खेल, लिट्रेचर, ड्रामा सभी क्षेत्रों में कौशल प्रसिद्ध था। उस

जमाने में ये कॉलेज नैनीताल शहर के नेशनल लेवल के पब्लिक स्कूलों को कड़ी टक्कर देता था। मंच पर हिन्दी के प्रवक्ता उमेश चन्द्र जोशी अनाउंसमेंट कर रहे थे, वो जितने अच्छे शिक्षक थे, उतने ही अच्छे वक्ता थे। शुरूआती संबोधनों के बाद वक्त था, कक्षा ग्यारह के विद्यार्थियों द्वारा विदाई पत्र अपने सीनियर छात्रों को देने का। ये विदाई पत्र श्री उमेश जोशी ने ही लिखा था। उन्होंने संबोधन प्रारंभ किया – 'इस विदाई पत्र को कक्षा बारह के छात्रों की तरफ से लेने के लिए मैं जिस छात्र को आमंत्रित कर रहा हूँ पिछले सात वर्षों में उसकी आवाज़ इस विद्यालय के कोष्ठ–प्रकोष्ठों में गूंजी है, ये आवाज़ जिसने इस विद्यालय को तमाम वाद–विवाद प्रतियोगिताओं में ढेरों मैडल दिलाए, विद्यालय का नाम रोशन किया, आज के बाद इस विद्यालय में नहीं सुनाई देगी। मैं बुला रहा हूँ मनोज जोशी को'। मैं उठा और मंच की तरफ बढ़ा। मैं बड़ा खुश था, बेहद खुश क्योंकि ये मेरी उम्मीदों से बेहतर परिणाम था, मैं इस सम्मान के योग्य था, वर्ना योग्यता पर हमेशा दबाव हावी रहता था। कॉलेज के ही पूर्व प्रवक्ता का लड़का, वो भी होशियार था, वो भी वक्ता था, सबको उम्मीद थी उससे कि उसे बुलाया जाएगा। मगर उमेश चन्द्र जोशी सच्चे शिक्षक थे। 'टीचर का बेटा', बच्चों को दिया जाने वाला विशेष सम्मान के नाम पर दी जाने वाली विशेष सुविधाओं के दबाव से मुक्त। तालियों की गड़गड़ाहट से हॉल गूंज उठा। सम्मान पत्र पकड़ने के बाद मुझे बोलना था। मैंने अपना भाषण प्रारंभ किया। सधी हुई धीर गंभीर आवाज, जादुई संबोधन। पीछे बैठे हुए उमेश जोशी ने कहा – 'मनोज उसे भी बुला लेना'। यानि टीचरों की काना–फूसी से तंग आकर उमेश जोशी ने भी कहा था। मैंने उसे बुलाया, मगर जो खुशी, जो सम्मान मुझे मिला था,

मेरे कदम जमीन पर नहीं थे, संगी साथी सभी को मेरा चेहरा अलग सा लग रहा था। कार्यक्रम के बाद मैं घर लौटा और पूरी कहानी बरामदे में ही सबको सुना दी। इसी घटना ने मुझे जीने का अंदाज़ दिया था और यही अंदाज़ उस दिन भी प्रकट हुआ था।

हम वुडलॉड होटल के ऊपरी हिस्से पर आज एक जन्मदिन की पार्टी के लिए बुलाए गए थे। ये जन्मदिन की पार्टी ऊपरी हिस्से में हो रही थी। सजावट हो चुकी थी, इक्का–दुक्का मेहमान आ चुके थे, अपना–अपना कोल्ड ड्रिंक लेकर कोने–कोने में बैठे हुए थे। धीरे–धीरे मेहमान आने शुरू हुए। जिस बच्चे का जन्मदिन था, वो आज चार साल का हुआ था, अपने पापा के पास खड़ा होकर मेहमानों को देख रहा था। बच्चे अपने पापा–मम्मियों के साथ आकर कुर्सियों में दुबके हुए थे, और मेहमान भी एक–एक कोना पकड़े हुए थे। पंद्रह–बीस परिवार आ गए थे मगर न तो कोई आवाज आ रही थी न तो कोई डिस्कशन। वातावरण भारी था, कुछ इस वातावरण से संकुचा रहे थे, कुछ के अंदर ईर्ष्या घर कर रही थी। महिलाओं की नज़र मेजबान के थोड़ा फैशनेबल ड्रैसेस पर थी। बच्चे भी चुपचाप बैठे थे। खाने की टेबल को देख रहे थे जो अभी खाली थी। मेजबान राहुल फोटो ले रहा था। बोझिल व भारी वातावरण था। औपचारिकता व दिखावे का खेल था। पोल खुलने के डर से सबने चुप्पी साध रखी थी। तभी मैं झक्क सफेद कुर्ते पैजामे में अपने बीवी बच्चे के साथ यहां आया। 'हैप्पी बर्थडे' की गर्जदार आवाज़ गुंजी, सभी का ध्यान उधर गया। ''क्या बात है यार बड़ा चुप–चुप हो रहा सब'', कहकर मैंने बच्चों को आवाज़ लगाई – ''बच्चों आओ इंजॉय करते हैं''। एक बिजली का करंट माहौल में दौड़ा,

एक—एक करके बच्चे आए। फिर हल्ला—गुल्ला, चींख—पुकार, नाच—गाना, बच्चों ने अगले आधे घंटे में रौला काट दिया था। अब मैं उन बच्चों को बिजी करके साउंड सिस्टम की तरफ मुड़ा और एक फड़कता गाना लगा दिया और मिसेज उषा का हाथ खींचकर स्टेज पर ले आया और डांस शुरू कर दिया। कुंठाएं हटने लगी थी, ईर्ष्याएं पिघलने लगी थीं, सबके अंदर का बच्चा कुलबुलाने लगा। कोल्ड ड्रिंक आधा छोड़कर लोग रस लेने आने लगे, एकदम माहौल में ऊर्जा का करंट दौड़ गया था। मैंने अपनी पत्नी को देखा, वो मुझे देख रही थी, मैं डांस में खोया हुआ था, वो सोच रही थी कि इस मरी हुई महफिल को उसके पति ने जिंदा कर दिया था। उसे सहसा विश्वास नहीं हुआ। अपने पति की ये ऊर्जा वो पहली बार देख रही थी, उसने तो अपने पति को कुछ सोचते और समझाते हुए ही देखा था।

प्यार की गुदगुदी मीठी ऑंच

मैंने अपने सैलफोन से सुधीर को कॉल फिर ट्राई किया। फोन नॉट रिचेबल की अनाउंसमेंट के साथ बंद हो गया। मैंने घड़ी देखी। मुझे निकले हुए बीस मिनट हो गए थे। जहां मुझे जाना था, अभी चालीस–पचास किलोमीटर दूर था, यानी बरसाती सड़कों में मेरी स्पीड के हिसाब से घंटा भर और, और सुधीर को यकीनन आधा घंटा ज्यादा लगेगा, ये मेरा कैल्कुलेशन था। सामने छोटी सी चाय की दुकान दिखी, मैं खुद को रोक नहीं पाया, कार किनारे लगाई और चाय बनाने को कहा। चाय पीते–पीते मुझे सुधीर की फर्स्ट पोस्टिंग याद आई, उसका उत्साह, उसकी एनर्जी, उसकी ऑनेस्टी, उसे 23 मई को पोरबंदर ज्वाइंन करना था। वो जाने से पहले पूजा के लिए अल्मोड़ा आया था, ये वो टाईम था जब हमारे ग्रुप में वही सैटल हुआ था, बाकी हम पढ़ ही रहे थे। सुबह के सवा सात बजे थे, मुझे याद है कि उस वक्त सात बजे इंतेजार करते–करते रमा जोशी दिखाई दी थी और प्रैक्टिकल की वो लैब याद आ गई। प्रयोगशाला में हम लगभग 42 छात्र–छात्राएं थे, 'साल्ट हाइड्रोलिसिस' चैक कर रहे थे। जिस परिवेश से हम लोग आते हैं या यूं कहिए जिस समय में हम थे, लड़कियों से बातचीत नहीं होती थी,

ऐसा नहीं है कि आकर्षण नहीं होता था मगर दब्बूपन था या उस दौर की परंपरा, बातचीत नहीं ही होती थी। मेरे बगल में रमा जोशी खड़ी थी, उसमें शक्ल से पहाड़ी सुंदरता थी, गोरा चेहरा लंबी नाक, लंबे बाल। उसके एक्सपैरिमैंट उससे हो नहीं पा रहा था, उसने मुझसे कहा – ''प्लीज जरा देख लेंगे''। मेरी प्रतिष्ठा एक होनहार छात्र की थी, उसके मासूम आग्रह को मैं टाल नहीं पाया, मैंने उसका एप्रैटस सैट कर दिया, वो 'थैंक यू' कहकर उसमें बीजी हो गई पर मेरे मन में उसका 'थैंक यू' एक बुलबुले की तरह घुस गया था, वो पूरे शरीर में घूम–घूम कर मुझे बेचैन किए हुए था, मुझे लग रहा था जैसे मैं जमीन से थोड़ा उठ सा गया हूँ एक तरंग सी पेट से उठकर दिल को भिगा रही थी। शाम साढ़े चार बज गए थे, छुट्टी हो गई थी, मेरा दोस्त, जिसके साथ मैं घर जाता था, आज आया नहीं था। लैब बंद करके प्रैक्टिकल की चर्चा करते–करते रमा मेरे साथ हो ली, मुख्य सड़क पर आते–आते मेरी खुशी बढ़ने लगी शायद मेरी चाल बदल गई थी, मुझे लग रहा था जैसे पूरा शहर मुझे देख रहा है, मुझे गर्व हो रहा था, मेरी गर्लफ्रैंड मेरे साथ चल रही है। एक अजीब सी मस्ती छाई थी, मैंने बगल में चल रही रमा को देखा, ठीक उसी वक्त उसने मुझे देखा, अचानक हुए संयोग से वो शर्मा गई थी। जो रंग उसके चेहरे में आया, पिछले वर्षों न तो वो कम्प्यूटर के पेंट सैक्शन में मुझे दिखा ना आस–पास की किसी वस्तु में, वो रंग मेरे जहन में रच–बस गया था। वो रंग नेचर का था, अलौकिक था। वो न लाल था, न गुलाबी, न नारंगी, न पीला, वो रंग प्रेम की मीठी आंच का था। घर पहुँचकर मैं भी बस उसके बारे में ही सोचता रहा। फिर अगले दिन से कॉलेज साथ–साथ आना–जाना प्रारंभ हो गया। महीने भर के बाद मुझे कुछ बोरियत सी होने लगी। उसके विचारों में परिपक्वता नहीं थी, वो स्तर नहीं

था, जानकारियों का भारी अभाव था, धीरे—धीरे मैंने उससे किनारा कर लिया और अपनी पढ़ाई, अपनी दुनिया में मस्त हो गया। परीक्षाएं हुईं, और अब हम पी०जी० लेवल पर आ गए थे, कैमिस्ट्री डिपार्टमैंट में पैंतीस छात्र—छात्राएं आए थे। बाकी बी०एस०सी० के कुछ साथियों ने मैथ्स ले ली, कुछ के फिजिक्स, कुछ बॉटनी और कुछ जुलॉजी में चले गए, कुछ ने पढ़ाई बीच में छोड़ दी थी। रमा ने भी कैमिस्ट्री डिपार्टमैंट लिया, 'हैलो हाय' अब भी होती थी, कैंटीन में चाय भी हम साथ पीते थे मगर फील कुछ नहीं होता था, एकदम तटस्थ... तब मुझे लगा दिल के ऊपर होता है दिमाग। एक दिन इसी विषय पर सोचते—सोचते मुझे वो वाक्या याद आया जब मैं कक्षा सात या आठ में पढ़ता था, हमारे पड़ोस में नीता नाम की एक लड़की नैनीताल से आती थी और मैं बड़ा भीगा—भीगा फील करता था, दो—तीन दिन बाद जब वो चली जाती तब मैं रूआंसा हो जाता, मैंने इस अनुभव को कुछ वर्षों तक फील किया, साथ कुछ किताबों—पत्रिकाओं को पढ़ने का शौक था ही, पढ़ाई से जैसे—जैसे परिपक्वता आती गई ये भावना ढीली होती गई। इंसान के जीवन में इस तरह की भावनाएं लगातार आती रहती हैं, मेरी भी आईं, मैंने बहुत सारी पुस्तकों में विद्वानों की चर्चा पढ़ी, अतिवादी लोगों का कहना था ये हार्मोनल इफैक्ट होता है, इतना भर कह लेने से प्रकृति के अद्भुत रहस्य मनोभाव को चुनौती दे रहे होते हैं, ये आकर्षण अलौकिक होता है, ये शुद्ध है और प्राकृतिक है। इसमें वासना नहीं होती, मगर मैं आज जब देखता हूँ तो आज के युवा इस भावना से वंचित हैं। अब आकर्षण में मीठापन, वो आंच, वो रोमांच नहीं है बल्कि विकृत गंदा हो गया है। समय बदल गया, समाज बदल गया और शायद हार्मोन भी बदल गए।

यारियां

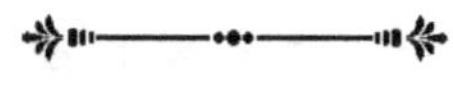

फिर मुझे ख्याल आया कि उस इंतजार में 45 मिनट देर से उस दिन सुधीर आया था। हम दोनों पैदल ही नवीन के वहां को चल दिए। नवीन उन दिनों एम0एल0एन0आर0, इलाहाबाद में इंजीनियरिंग कर रहा था, आजकल आया हुआ था। रास्ते में गिरीश को लेना था और मोहित, नवीन के वहां मिलने वाला था। मोहित उन दिनों कानपुर से

एम0बी0बी0एस0 कर रहा था, पूरे दिन हमें मोहित के आशिकी के किस्से सुनने थे, इसका क्रेज था क्योंकि हम सब इस आशिकी के मामले में मोहित से एक सदी पीछे थे, हकीकत में भी और कल्पनाओं में भी वो एक सदी आगे था.... हा..हा..हा..हा...। हम नवीन के घर पहुँचे। वह बहुत ही खुश था। जिस ढंग से नवीन ने गले लगाया था उससे हमें शक सा हुआ। मैंने कहा – ''क्या बात है भूतनीके, तू तो ऐसे खुश हो रहा है जैसे चक्कर चल गया है''। बोला – ''बेटा आज मनोरमा दिखी थी। उसने अचानक मुझे देखा, बेटा मेरी फट के हाथ में आ गई''। मैंने कहा – ''फट के हाथ में आने में इतनी खुशी''! एक ठहाका लगा और जैसे दिल खिल गए। क्या चीज होती है दोस्ती, क्या उमर होती है ये, क्या टाइम था वो सिर्फ लड़की के दिखने से हम पगला गए थे। थोड़ी ही देर में मोहित आ गया और दिन कैरम की बाजियों, आशिकी के खट्टे–मीठे किस्सों, अदरक की चाय, आलू–प्याज–शिमला मिर्च की पकौड़ियों में बीत गया और हमारी उन यात्राओं की मधुर स्मृति में भी, जो हमने अपनी इस दोस्ती के दौरान की थी। सब पकौड़ियों और चाय में मस्त थे। हमारी पुरानी यात्राओं की बात हो रही थी। मेरा ध्यान फिर वहां से हटके कहीं और चला गया।

बिटिया आज हॉस्टल से घर आई थी। उसने पिछले माह ही तमाम एक्टिविटीज़, जो ऑल सेंट्स कॉलेज में हो रही थी, उसके बारे में बताना शुरू किया था। ये सारी बातें वो अपने दादा–दादी और बुआ को बता रही थी। अचानक उसने मुझसे पूछा – ''पापा आप कभी बिजली कड़कने वाले मौसम में नैनीताल रहे हो''? मैं इससे पहले उसका जवाब देता, उसका हाथ उस मैगी में चला गया जो उसकी माँ उसे

परोस रही थी, मगर उसके प्रश्न से मैं पच्चीस बरस पहले पहुँच गया। नैनीताल क्लब के दो कमरे हमें खुर्शीद के पिता ने दिलवा दिए थे। वो जल निगम में अधीक्षण अभियंता थे। हम अपना बैग लेकर एक ही कमरे में धमक गए थे। हम लोग इंजीनियरिंग की प्रवेश परीक्षा यहां देने आए थे मगर हम छ: दोस्तों में परीक्षा से ज्यादा मस्ती की फिक्र थी। कैसे आज की रात, कल का एग्जाम, कल की रात और परसों एग्जाम, शाम को मस्ती और अगले रोज वापसी। लड़कपन में भावनाएं, दिलों की उमंगें दिमाग पर हावी होती हैं, किसी भी दबाव को सहने के मूड में नहीं होती, मगर अब समय बदल गया था। आज इंटरमीडिएट जैसी परीक्षा का भारी दबाव बच्चे ले लेते हैं। रात–दिन अखबार बच्चों के अवसाद में जाने की, आत्महत्या की, क्लीनिकल हैल्प की खबरों से भरे रहते हैं। इन पच्चीस बरसों में दबाव बढ़ गया था, मगर क्वालिटी बढ़ी हो, ऐसा नहीं है। वो तो एकदम डिग्रेड हो गई है। खैर नवीन ने अपने टिफिन से वो पिन्नी के लड्डू निकाल कर सबको देने शुरू कर दिए थे। मोहित किताब लेकर बाथरूम में बंद हो गया था। खुर्शीद लड्डू लेकर बरामदे में बैठ गया। मैंने और गिरीश ने एक मैगजीन उठा ली थी, उसमें फिल्मी हिरोइनों की तस्वीरें ढूंढने लगे थे। अचानक मौसम बदलने लगा, तेज बारिश के साथ बिजली चमकने लगी, हमने फटाफट खिड़की के दरवाजे बंद किए। बड़े से बैड में हम छ: लोग। बत्ती चली गई थी। हमें डर भी लग रहा था, थे तो हम पन्द्रह सोलह साल के ही ना! बातें भले ही दबंगों वाली होती हों मगर दिल हमारा तेज धड़क रहा था, हम सब मासूम ही तो थे, एकदम निश्छल। पत्नी ने 'चाय' कहकर मेरी तन्द्रा तोड़ी। चाय का कप लेकर मैं सोचने लगा, कल ही पेपर में लड़के की हत्या की खबर छपी

थी, सोलह साल का लड़का था, किसी कॉल गर्ल के बुलाने पर बाहर गया तो किसी ने पुरानी रंजिश में हत्या कर दी। कल पुलिस ने पर्दाफाश किया था। वो खबर पढ़कर मुझे लगा शायद पच्चीस बरस पहले बच्चे देर में जवान होते थे मगर अब जवान भी जल्दी होने लगे थे, बहकने भी जल्दी लगे थे और शायद जाने भी जल्दी लगे थे। पकौड़ियां खत्म हो गई थी। खाली चाय के कप हमें देख कर मुस्कुरा रहे थे। शाम होने को आई थी। हमें सुधीर को विदा करना था, उसे दिल्ली की बस में बिठाना था। हमने शाम उसे दिल्ली की बस में बिठाया। वो नए जीवन की शुरूआत करने जा रहा था और हम अपने रोज के रूटीन में वापस जाने वाले थे।

फिर अगले डेढ़ बरस तक सुधीर के कभी-कभार लैटर आ जाते थे। वो नहीं आ पाया था। मोबाईल का जमाना था नहीं, ट्रंक कॉल बुक करके बात करना सिरदर्दी थी। इधर नवीन की इंजीनियरिंग पूरी हुई, हमारी पोस्ट ग्रेजुएशन पूरी हुई। मोहित एम0बी0बी0एस0 पूरी करके पंतनगर में मेडिकल ऑफिसर बन गया। जीवन का बेहतरीन समय टर्न ले चुका था। एक दिन 'इंग्लिश डेली' के फ्रंट पेज पर खबर छपी, पोरबंदर जल उठा। पूरे एक वर्ष तक पोरबंदर में सुधीर कोस्टगार्ड के असिस्टेंट कमांडैंड के तौर पर एक सक्सैफुल ऑफिसर की तरह काम करता रहा। इस दौरान मैडल, एप्रिशिएशन उसे मिलते रहे। एक रोज शहर के माने हुए उद्योगपति की पार्टी में उसकी मुलाकात उस उद्योगपति की बेटी से हुई। सुधीर आकर्षक नौजवान था, लड़की ग्रेजुएशन कर रही थी, दोनों में परिचय हुआ और प्यार की गाड़ी दौड़ पड़ी। शाम का समय था, कॉफी हाउस में नयनतारा और

सुधीर बैठे थे। ये लकड़ी का बना पुराने समय का कॉफी हाउस था, बड़ा सुंदर इंटीरियर डैकोरेशन किया गया था। इस वक्त कॉफी हाउस में इक्का–दुक्का लोग ही थे। बाहर रिमझिम बारिश हो रही थी। हवा साथ–साथ में चल रही थी और कॉफी हाउस की शीशों में पानी की मार से धुंधलापन सा था। सुधीर के पेट से कोई चीज़ उठ रही थी और दिल को भिंगो रही थी। दिल के बीच–बीच में ठंडा सा पानी उठ रहा था। उसे अपनी धड़कन सुनाई दे रही थी। पता नहीं क्या बात थी, वो नयनतारा की तरफ देख नहीं पा रहा था। देखता तो एक मीठापन, एक झुरझुरी सी, गुदगुदी सी फील होती थी। उसने नज़र उठाई, नयनतारा बाहर देख रही थी। उसके बाल उड़कर आंखों में आ रहे थे, सुधीर का मन हो रहा था उन्हें हाथ से कान के पीछे कर दे, मगर एक झनझनाहट उसे महसूस हो रही थी, हिम्मत नहीं कर पाया। सुधीर को ये फीलिंग पहली बार हुई थी। इतने वर्ष, जो इतने सालों में घर से दूर, पढ़ाई, खुद खाना बनाना, कैरियर की टेंशन में उलझा रहा। टैस्टोस्टेरॉन हार्मोन डांड लगी बोतल की तरह बाहर नहीं आ पा रहा था और आज टपक नहीं छलक रहा था। आज उसे एहसास हो रहा था, काश टाइम रूक जाए। उसके होंठ खुष्क हो गए थे, उसने जीब फेरी, नयनतारा ने बाहर देखना बंद करके उसकी तरफ देखा, देखती रही, सुधीर का दिल बैठने लगा। ''कॉफी नहीं आई'', उसने कहा। आवाज़ आज बहुत पतली आई कई घाटियों से, टैस्टोस्टेरॉन हार्मोन ने उसकी आवाज को भी डायल्यूट कर दिया था। एक रूमानी गीलापन था अंदर भी और बाहर भी, और कुछ निकलना चाह रहा था बाहर, कॉफी आ गई, बारिश धीमी हो गई थी, कॉफी हाउस भर चुका था। एक घंटे की मुलाकात में सिर्फ तीन डायलॉग बोल पाया था

सुधीर – ''कैसी हो'', ''कॉफी प्लीज'', ''कॉफी नहीं आई''। और नयनतारा ने तो शायद ही दो ही शब्द बोले थे – ''हाई'' और ''बाय''। सुधीर अपनी बाईक में ऑफिसर्स रेजिडेंस की तरफ चला, नयनतारा ने शोफर बुला लिया था, लम्बी गाड़ी लेकर वो आ गया था। सुधीर ये सब, शेयर करना चाह रहा था, उसने खलीफा मोहित को फोन लगाया। एक घंटे की ट्रंक कॉल, जो दस बार बीच में डिस्कनैक्ट हुई, मोहित सिर्फ हंसता ही रहा... ईश्क के मामले में खलीफा जो ठहरा। अगले कुछ महीने इसी रूमानी आंच में जलने में बीत गए। मुलाकातें थोड़ी कम हो गईं थी, नयनतारा के बी0ए0 प्रथम वर्ष के एग्जाम चल रहे थे और सुधीर तो जैसे अनफोकस्ड था। इन दिनों अब वो फील्ड में था। शिप की ड्यूटी एक महीने बाद शुरू होनी थी, फिर तो लंबा समय शिप में ही रहना था। वो बेचैन था, इसी बेचैनी में उसने अपने साथी अंगद मिश्रा को फोन लगाया और दोनों मूवी देखने चले गए। मूवी छः दस पर खत्म हुई। सुधीर अपनी बाइक और मिश्रा अपनी बाईक पर थियेटर से निकले। सुधीर थोड़ा आगे था। शाम का वक्त था, काफी ट्रैफिक थी, ये बाईपास रोड थी और मेन रोड से मिलती थी। ये दोनों सड़के वहां के नब्बे डिग्री के एंगल में मिलती थी। जैसे ही सुधीर सामने पहुँचा, एक पुलिस जीप सामने से निकली। सुधीर ने ब्रेक मारा... च्वांक की आवाज के साथ बाइक रूक गई, कोलिजन होते होते बचा था। जीप के ड्राइवर ने भी ब्रेक मारे थे। जीप से डीवाई एसपी रैंक का कोई ऑफिसर उतरा। काफी भीड़ जमा हो गई थी। उसने उतरते ही कहा – ''क्या है बे''। सुधीर ने अपना परिचय पत्र निकाला और परिचय दिया। पर शायद वो पुलिसिया धौंस में था, उसने आव देखा ना ताव, एक तमाचा जड़ दिया। सुधीर का पारा

एकदम शूट हुआ, मगर तब तक मिश्रा उसके पास पहुँच चुका था। उसने सुधीर को चलने को कहा। इक्का–दुक्का पत्रकार भाई भी वहां दिखने लगे थे। डीआई एसपी खिसक लिया था। उसे रियलाइज हो गया था कि इस नौजवान का फॉल्ट नहीं है, और है भी ये कोई अधिकारी, तो वो निकल लिया, सुधीर को काटो तो खून नहीं, आज रात बहुत डार्क थी।

सुधीर के गाल पर थप्पड़ उतनी जोर से नहीं लगा था, जितना उसके ईगो पर लगा था, उसकी सैल्फ रिस्पैक्ट पर लगा था। नींद तो कोसों दूर थी। दोनों हाथों की नसों में एक खिंचाव सा था। सर सोचते–सोचते भारी हो रहा था। उसने अपने रूम की बत्ती जला ली, एक गिलास पानी पिया, फिर लेटा बेचैनी होने लगी। वाशरूम जाकर टॉयलेट में बैठा, फिर छत पर जाकर टहला, फिर नीचे आया, फिर जाकर कमरे में बने छोटे से टैंपल के आगे जाकर खड़ा हो गया। सामने माँ की दी हुई गणेश जी की मूर्ति थी। अचानक जाने क्या हुआ फूट–फूटकर रो दिया। सारा स्ट्रैस जैसे आंखों के रास्ते निकल गया। वो बिस्तर पर गया और नींद आ गई, मगर आंखें बंद करने के पहले उन आंखों में आने वाले तूफान का संकेत था। मौसम वैज्ञानिकों की लैंगवेज मे कहें तो 'वैस्टर्न डिस्टबैंस' का रीजन बन रहा था। अगले रोज उसने अपने कमांडैड से इस बारे में बातचीत की। कमांडैड ने उसे एसपी ऑफिस जाकर कम्प्लेन करने को कहा, एसपी ऑफिस में एसपी ने उसकी बात सुनी और आश्वासन दिया कि जल्दी ही एक्शन लेंगे। ऑफिस से लौटते हुए उसने न्यूज पेपर खरीदा। उसमें इस घटना का जिक्र था। उसे लगा, ये पेपर तो नयनतारा ने पढ़ा होगा। उसका स्ट्रैस

लेवल शूट होने लगा, उसे लगा कि वो किस बात का अधिकारी है, किस बात का गर्व है, फोर्स का, उसे लगा वो नपुंसक है, इम्पोटेंट। उसने बाईक का एक्सिलरेटर बढ़ाया। बाइक हवा से बातें करने लगी, घर के सामने तेजी से ब्रेक लगाया। बाइक तेज आवाज के साथ रूकी। आवाज साफ थी – मादर............। अगले सात दिनों तक सुधीर नयनतारा से नहीं मिला, वो न्यूजपेपर की हैडलाइन बदले बिना मिलना नहीं चाह रहा था। सातवें दिन सुधीर ने कमांडेंड से कहा – ''सर कोई एक्शन, पता नहीं चला? जरा पता तो करिये''। कमांडेंड ने एसपी को फोन किया, एसपी ने कहा – ''हमने समझा दिया है'', कमांडेंड ने सुधीर से कहा – ''हो गया यार फॉरगेट इट''। सुधीर सैटिस्फाई नहीं था, दोपहर एसपी ऑफिस चला गया। एसपी ने दो टूक जवाब दिया– यंग मैन हमने उसे अलर्ट कर दिया है, वो जरा सी मिस अंडस्टैंडिंग थी, हो गया। अब तुम ये सोचोगे कि डीएसपी को उसी जगह पर ले जाकर थप्पड़ लगाओगे, तो ये पॉसिबल नहीं है, ओके इंजॉय। सुधीर 'थैंक्स' कहकर लौट आया। ऑफिस पहुँचकर उसे पता चला कि शनिवार को आर्म प्रैक्टिस होगी, ये प्रैक्टिस कोस्ट गार्ड करिकुलम का हिस्सा थी। वो गेट बंद करके प्रिमाइसिस के अंदर होती थी। उसे ये भी पता चला कि कमांडेंड को कॉन्फ्रैंस में जाना है, शायद उस दिन की कमांड सुधीर लीड करेगा। ये सुनकर सुधीर का स्ट्रैस कम हो गया, आँखें चमक उठीं। दूर गुजरात के तट पर वैस्टर्न डिस्टर्बेंस से बारिश हो रही थी। मौसम विभाग ने शनिवार को भारी बारिश और तूफान का अलर्ट जारी किया था। क्या मौसम विभाग हमेशा सही प्रिडिक्शन करता था? बिल्कुल नहीं, 90 प्रतिशत केसेस में जब–जब तूफान की भविष्यवाणी होती थी, उस दिन तेज धूप निकलती थी। ये हमारे

सैटेलाइट का फाल्ट था या प्रतिभाहीन वैज्ञानिक बने इन कॉम्पिटैंट लोगों की मिस कैल्कुलेशन। मगर इस शनिवार मौसम वैज्ञानिकों को लगा कि ये दाग धुलने वाला था। पोरबंदर में रिमझिम बारिश हो रही थी, ऑफिसर्स मैस में रखे रेडियो पर धुन बज रही थी – रघुपति राघव राजा राम, सबको सन्मति दे भगवान।

शनिवार को सुधीर सुबह से ही एक्टिव हो गया था। सात बजे प्रैक्टिस शुरू थी। पाँच बजे उठकर उसने शॉवर लिया। एक ब्लैक कॉफी का आर्डर दिया और कॉफी आने तक एक प्लेन पेपर में कुछ आड़ी तिरछी लाईन ड्रॉ कीं। फिर पोरबंदर का मैप उठाया और कुछ प्वाइंट मार्क किए। यूनिफॉर्म पहनी, बाहर आया और परेड ग्राउंड की ओर चल दिया। आज वो बहुत शांत था, बिल्कुल फोकस्ड। आज वो, वो था जिसके लिए वह जाना जाता था, एक मेहनती ऑनेस्ट तेज तर्रार ऑफिसर, जिसे होवर क्राफ्ट से लेकर जैट्स तक को उड़ाने का हुनर पता था, स्टीमर से लेकर बड़े जहाज की बारीक तकनीकें पता थीं। वो जांबाज़ था, निडर था, महत्वाकांशी था, पर एक कमजोरी थी... वो एक प्रेमी भी तो था, एन ऑबसैस्ड लवर। इसी आबसैशन ने उसे ईगोस्टिक बना दिया था। परेड ग्राउंड में उसकी आवाज़ गूंज रही थी – "जवान्स! आर यू रेडी फार लाइव एक्सरसाइज टुडे"। जवान तो जवान होते हैं ये ओवरकॉन्फिडैंट जमात होती है, उजड्ड और निडर। कोस्ट गार्ड परेड ग्राउंड का गेट खुला और दो ट्रकों में आर्म एम्नीशन भरकर बटालियन निकल गई। सूरज, जो कल तक बादलों के पीछे था, आज आसमान में चमकने लगा था। अभी सुबह का टाईम था, तपिश नहीं थी, पर दिन चढ़ने के साथ पोरबंदर में गर्मी

बढ़ने वाली थी, तय था। सुधीर ने हरित पटेल नाम के डीएसपी का हुलिया, घर का एड्रैस, ऑफिस लोकेशन सब ब्रीफ कर ली थी। उसने जवानों को बता दिया था कि उसके दोनों हाथ तोड़ने हैं और कुछ नहीं करना है। जवान उसे ढूंढते ऑफिस पहुँचे और पता चला आज वो छुट्टी पर था। सुधीर ने ट्रक को उसके घर की तरफ मोड़ने का हुक्म दिया। घर के पास पहुँचकर दो जवान उसके घर चल दिये। बैल बजाई। पटेल ने दरवाजा खोला, पर डोर के अंदर ग्रिल वाला डोर भी था, पटेल को ऑफिस से फोन आ गया था कि कम बालों वाले लोग उसे ढूंढ रहे हैं। उसे खतरे का आभास हो गया था। उसने दोनों जवानों को देखा और पुलिसये अंदाज में पूछा – ''क्या है बे'', एक जवान ने हाथ ग्रिल के अंदर डालकर उसका गिरेबान पकड़ा और उसे अपनी तरफ खींचा, उसका सर जोर से ग्रिल से टकराया। जवान ने उसे धक्का दिया। पटेल ने अपनी सर्विस रिवॉल्वर निकाल ली थी, दोनों जवान वापस भागे और लपक कर ट्रक में सवार हो गए। उन्होंने पूरी घटना सुधीर को ब्रीफ कर दी थी। सुधीर ने वापस परेड ग्राउंड चलने का हुक्म दिया। ट्रक लौट चला। रास्ते में एक पुलिस स्टेशन पड़ता था। सुधीर ने ट्रक को रोकने का आर्डर दिया और कहा ''जवान्स! फाइव मिनट, जाओ और आओ''। जवानों के हाथ जैसे बटेर लग गई थी। चार पुलिस ऑफिसर, एक रेडियो ऑपरेटर, जवानों ने उन्हें तोड़ डाला, स्टेशन फोड़ डाला और आग लगा दी। ट्रक परेड ग्राउंड के अंदर था, बाहर सुरक्षा गार्ड तैनात था। सिविलियन एंटर नहीं कर सकते थे। सुधीर का ईगो सैटिस्फाई हो गया था, आफ्टर इफैक्ट की उसे चिंता नहीं थी। पोरबंदर जल रहा था। फोन घनघनाने लगे थे। आराम से पसरे सीनियर ऑफिसर अलर्ट हो गए थे। कार, एम्बुलैंस

भागने लगे थे। सोया शहर जाग गया था। सुधीर ने ब्लैक कॉफी का आर्डर दिया। कॉफी पीते हुए सामने देखा, कैलेण्डर में गाँधी जी बने थे। बड़े–बड़े अक्षरों में लिखा था – अहिंसा परमो धर्मः।

नैक्स्ट वन मंथ जांच के, ऑफिसयल पनिशमैन्ट के थे, डर इंटैंसिटी बहुत ज्यादा थी मगर एक सैटिस्फैक्शन था ईगो के शांत होने का। सुधीर के अगले छः महीने टर्निंग प्वाइंट थे लाइफ के। पनिश्मैंट के तौर पर उसे उसकी शानदार सेवाओं को देखते हुए बाहर तो नहीं किया गया पर एक्टिव ड्यूटी से हटा दिया गया। इन्हीं छः महीनों में उसकी शादी बिना परिवार की मर्जी से मंदिर में हुई और वो जिससे बेइंतेहां प्यार करता था, वो उसकी जीवनसाथी बन गई।

मैंने घड़ी देखी, मुझे निकले आधा घंटा हो चुका था। अब मैं संतुष्ट था। मुझे पता था, मैं सुधीर को रोक लूंगा मगर थोड़ी बहुत थकान हो रही थी। मैंने एक कप चाय पीने की सोची और गाड़ी किनारे लगा दी।

सोशल मीडिया : खलनायक

चाय खत्म करने के बाद मैंने अपनी कार दौड़ाई। जितनी तेज मेरी कार दौड़ रही थी, उससे भी तेज मेरा दिमाग दौड़ रहा था। नब्बे के दशक से पहले मनोरंजन के लिए दूरदर्शन, केवल टी0वी0 ही एक माध्यम होता था। ये जो है जिंदगी जैसा पॉजिटिव धारावाहिक, रामायण, महाभारत जैसे जादुई ग्रंथों का डिस्प्ले, ऐसा डिस्प्ले कि ऑफिस में काम ठप हो जाता था, ट्रैफिक सुबह नौ बजे से ग्यारह बजे

तक जाम रहता था, लोग चौराहों पर, ऑफिस प्रिमैसिस में, राम के त्याग, भरत की दृढ़ता और लक्ष्मण का बड़े भाई के प्रति सम्मान, पत्नी के प्रति व्यक्ति का कर्तव्य या महाभारत में मित्रता पर न्यौछावर कर्ण का जीवन, प्रतिज्ञा, वचन की महत्ता बहुत फोकस होकर देखते थे क्योंकि ओरिजनली कॉमन मैन के अंदर प्रिंसपल्स, फैमिली के प्रति लव, देश के लिए नेशनल करैक्टर तो होता ही है भले ही वो ये जीं नहीं पा रहा हो, पर जीना ऐसे ही चाहता है। यही कारण था कि फैमिली, यूनिटी, कम्बाइंड फैमिली पर बनी राजश्री प्रोडक्शन की मूवीज हफ्तों महीनों थियेटर में चली और सूपर हिट रही थी। 'हम आपके हैं कौन', 'नदिया के पार' जैसी मूवीज ने एक क्रेज पैदा किया था। फिर इंडिया में आया नए चैनल्स का दौर, सोशल मीडिया का दौर। स्क्रीन पर दिखने वाले, पब्लिक एपिरिएन्स से बचने वाले कलाकार टी0वी0 पर रूटीन हो गए। भावनाओं, वैल्यूज, इमोशन जैसे वर्ड्स पर दो लैटर का एक वर्ड भारी पड़ गया, पैसा, हर हाल में पैसा। षड्यंत्र, परिवार में नफरत, दिखाकर दिमाग से इंसान का डैविल और दबा हुआ शैतान कुछ प्रोडैक्शन हाउसेस ने जिंदा कर दिया और समय के साथ ये शैतान कद और ताकत में बड़ा होता गया और सन् 2000 आते—आते इसने दिमाग और दिल पर गहरा कब्जा किया और पैदा कर दिए अपने छोट—छोटे शैतान, जो वेश—भूषा में शालीन थे, बोलचाल में कुशल थे, पर एक्ट में बहुत डैंजरस थे। इन दो डैविल ब्रदर को कमोबेश पूरी सोसाइटी ने हड़प लिया और शुरू हो गया वो दौर जिसे साइबर क्राइम कहते हैं। दोनों डैविल ब्रदर अट्ठाहस करते, कहकही लगाते बड़े और बड़े होते गए, दोनों में खुद एक—दूसरे से बड़े बनने का जुनून सवार हो गया। कभी बड़ा डैविल फेसबुक, कभी छोटा डैविल

वाट्सएप। ज्यादातर लोग बर्थडे या मेंहदी या करवाचौथ प्रेम, सौहार्द, उन्नति के लिए नहीं, फेसबुक पर डिस्प्ले के लिए मनाने लगे। व्यक्ति के अंदर दबी अपनी इच्छाएं विकराल बनकर उसके सामने आ गईं। ऐसे में समाज़ में पैदा हो गया वो शिकारी, जो शिकार की तलाश में था, जो उन व्यक्तियों के लिए, जो किसी न किसी कारण से अकेला था, या अकेली थी।

शादी के इतने वर्षों में नयनतारा का जीवन बड़ा व्यस्त रहा था। लाड और प्यार से पली लाडली को शुरू में तो रोमांस का तड़का खूब भाया, पर माँ न बन पाने की व्यथा से लगातार वो डॉक्टर के क्लीनिक के चक्कर लगाना, पति का इरीटेशन उसे दुखी करने लगा था। बाद में पाँच वर्षों के लम्बे इंतजार के बाद वो दो बच्चों की माँ बनीं और फिर खुशियों और व्यस्तता में उसने स्वयं को भुला दिया। सुधीर की पोस्टिंग बदलने लगी थी। उसे लगातार बाहर रहना पड़ता था। बच्चे बड़े होने लगे थे। काम बहुत था नहीं, समय बिताने के लिए नयनतारा ने पहली बार इंटरनेट का सहारा लिया और वो फेसबुकिया गई। फेसबुक जहां पुराने दोस्तों को ढूंढने का एक जरिया है, वहीं उसमें कुछ डर भी छुपे हुए हैं। इस डर से अनजान हम अपनी व्यक्तिगत फोटोग्राफ उसमें डालते रहते हैं और घात लगाए शिकारी बैठे रहते हैं, जाल डालने को तैयार। वर्धान नाम के एक ऐसे ही शिकारी ने नयनतारा को फॉलो करना शुरू किया। फ्रैंड रिक्वैस्ट भेज दी। नयनतारा, जो इस शौक में नई थी, लोगों के प्रोफाइल्स में हज़ारों फ्रैंडस देखती थी। उसे भी फटाफट ढेरों फ्रैंडस बनाने थे, सो बिना सोचे क्लिक करती चली गई। वर्धान से फेसबुक में व्यक्तिगत बातें भी शेयर होने लगी थी।

फिर वर्धान ने भावनात्मक पोस्ट भेज–भेजकर नयनतारा को लगभग कब्जे में ले लिया। इधर सुधीर व्यस्त तो था, थोड़ा एग्रैसिव भी हो गया था। कभी–कभार झल्ला उठता। एक दो बार तो उसने हाथ भी उठा दिया था नयनतारा पर। नाजों में पली लड़की, धनाढ्य परिवार से आई लड़की को सुधीर का ये मिडिल क्लास बिहेवियर चीप सा लगने लगा और वर्धान नाम के शिकारी की चाल में अपनी इमोशनल शिफ्ट के चलते वह फंसती चली गई। एक दिन वर्धान ने उसे लिखा – ''प्रिये आओ! मैं तुम्हारा इंतजार करूंगा'', और फ्लैट का नंबर शेयर किया। बिना सोचे नयनतारा ने जाने का मन बना लिया। सुधीर आउट ऑफ स्टेशन था। बच्चे स्कूल गए हुए थे। नयनतारा ने घर की दहलीज पार कर ली। लक्ष्मण रेखा पार होते ही रावण एक्टिवेट हो गया। नयनतारा ने घंटी बजाई, फ्लैट का दरवाजा खुला और.............. ।

सुधीर दिन की ड्यूटी करने के बाद वापस आया। पहली नजर में सब सामान्य था, पर जब आप वर्षों किसी के साथ रहते हैं तो उसके बिहेवियर में आया मामूली चेंज भी पकड़ लेते हैं। फिर सुधीर तो इंटैलीजेंस यूनिट में बहुत साल सर्विस कर चुका था। उसने चेंज स्मैल कर लिया था, शक्की तो था ही वो, उसे तीन दिन लगे इस चेंज के रिज़न को क्रैक करने में। उसके सर पर खून सवार हो गया। नयनतारा को विश्वास में लेकर उसने सब पता कर लिया था। उसे नयनतारा पर गुस्सा नहीं, इरिटेशन हो रहा था, पर ये बात इंडिविजुवल थी, चार दीवारी के अंदर रहनी थी। लेकिन अपने आवेश में उसने अपने सीनियर, जूनियर, नाते–रिश्तेदारों से शेयर कर दी। लोग दूसरे को इस तरह की परेशानी मे देख कर मजे लेते हैं, बहुत कम वैलविशर

होते हैं, और उसके वैल विशर उसके क्लास फ्रैंड्स, चार हज़ार किलोमीटर दूर थे और आज वो उन्हें बहुत मिस कर रहा था। लेकिन फ्रैंडशिप की आवाज हार्ट तक पहुँच ही जाती है, मैंने शायद यही टेलीफोनिक सैंस की थी और सुबह उठकर उसे फोन किया था। मैंने घड़ी देखी। मुझे चाय पिये आधा घंटा हो गया था। मेरा आधे घंटे का सफर और था, बल्कि उससे भी कम क्योंकि इमोशन के इस ओशन में मैंने काफी तेज कार चलाई थी।

चाय पीते–पीते मैं सोचने लगा कि कितना जानदार अधिकारी रहा है सुधीर। कोर्स का टॉपर रहा, हर परीक्षा में खरा उतरा, पर उसका प्रमोशन नहीं हुआ। उसके जूनियर उसके ऊपर जा बैठे, अंदर ही अंदर वो बहुत कोफ्त में था। बात–बात में झल्ला उठता था और पत्नी शायद उसकी परेशानी समझ नहीं पाई और उसे खुद पर झल्लाना मान लिया। दिमाग तो दिमाग ही होता है, जिस पर कंट्रोल न हो तो वो छूटे सांड की तरह दौड़ता है। लगातार नैगेटिविटी ने नयनतारा को अवसाद में डाल दिया, शायद इसीलिए उसके कदम लड़खड़ा गए थे। सुधीर ने भी समझदारी नहीं दिखाई और आज स्थिति ये आ गई कि वो रिवॉल्वर लेकर निकल पड़ा। मैंने चाय के पैसे दिये और निकल लिया। कमोबेश मेरी और सुधीर की कार साथ ही पहुँची। वो अंदर गया, मैं भी पहुँचा। उसने रिवॉल्वर का लॉक खोला और सामने वर्धान को देखकर फायर किया। ठीक उसी वक्त मैंने उसे धक्का दे दिया। गोली निशाना चूक गई, मुझे अपनी जान भी प्यारी थी। सुधीर मुझे देख कर चौंका, मैंने उसे खींच लिया था, मैंने उसे भींच लिया था। उसका गुस्सा शांत होने लगा। वो उठा, वर्धान के कुछ समझ में आता सुधीर उसपर टूट पड़ा।

अब चूँकि रिवॉल्वर मेरे पास थी और मैंने लॉक कर दी थी, और सुधीर का गुस्सा रिलीज करना जरूरी था इसलिए मैंने वर्धान को पिटने दिया। बहुत मारा था सुधीर ने उसे, पिटने के बाद जब मैंने उसे बताया कि क्यों पीटा गया तो बेहोश होने से पहले उसने बुदबुदाते हुए मांफी मांगी थी। मैंने सुधीर को चलने का इशारा किया, उसकी कार में बिठाया। उससे कहा आगे जो भी नजदीक का आउटलेट है, वहां नाश्ता करेंगे। उसकी कार आगे थी, मेरी पीछे। आगे 'सत्तार' नाम के रैस्टोरैंट में हमने गरम–गरम आलू के पराठे छके, लस्सी पी और अगले दो घंटे हम वहीं बैठे रहे। बहुत रोया सुधीर, कुछ गुस्सा पिटाई से, कुछ आंसुओं के रास्ते बह निकला। आसमान धीरे–धीरे घिरने लगा था, बारिश की उम्मीद थी गोवा में, वैसे तो गोवा में बारिश जब भी होती है, बहुत होती है। बात करते–करते सुधीर बोला ''यार! तमाम तनाव हैं जीवन में''। अब एक नया और आ गया। मैंने कहा ''और क्या है तनाव भाई''। उसने बताया यार जब तेरा लैटर चार लाइना मुझे मिला था, उस दिन मैं एक एयर सो देखने गया था। उस चार लाइना वाले लैटर में, सुधीर ने बताया कि यार तूने उसमें लिखा था कि कल हो न हो, जीवन हर पल जीने का नाम है। उठो, खुद भी मिलते हैं, बच्चों को भी मिलाते हैं। फिर वही टायरों की रेस करते हैं, वही कंचे और वही सिकन्दड़ी, उसको पाने के बाद सुधीर का ऑफिस में मन नहीं लगा। कोई चीज उसे उकसा रही थी, अंदर कुछ झिझोड़ रहा था। उसे याद आया, छः महीने पहले बैंगलौर एयर बेस में वो फाइटर प्लेन का एयर शो देखने पहुँचा था। रोमांच से भरे इस शो में पूरी तरह मशगूल था कि अचानक बेहोश होकर गिर पड़ा। आँख खुली तो उसकी यूनिट के कुछ अधिकारी और कुछ डॉक्टर उसे घेरे खड़े थे। उसने

बताया कि उसे एपिलैप्सी का अटैक पड़ा था। उससे पूछा जा रहा था कि ''कोस्ट गार्ड की नौकरी के दौरान क्या पहले भी कभी ऐसा हुआ था''? उसने कहा ''नहीं फर्स्ट टाईम हुआ है''। खुद भी वो हैरान था कि अचानक उसे ये एपिलैप्सी। उसे घर पहुँचाया गया और पन्द्रह दिन की मेडिकल लीव एलॉट कर दी गई। दो–तीन दिन में रिकवरी के बाद उसे मोहित की याद आई और उसने उसे फोन किया और प्रॉब्लम बताई। मोहित तो यारों का यार था। उसने फौरन दिल्ली के एक मशहूर अस्पताल में एपॉइंटमैंट ले ली। फिर तो अगले दस दिन भाग–दौड़, मैंटल ट्रॉमा, आशंका, पैथोलॉजिकल टैस्ट में बीत गए। कोस्ट गार्ड का एक जांबाज अधिकारी, कई मैडलों से सम्मानित एक फाइटर, एक रहस्यमयी बीमारी से लड़ने में असहाय महसूस कर रहा था। उसे अपनी ट्रेनिंग के दिन वो याद आ गए जब कमाण्डर ने उनसे कपड़ों में लोटने को कहा था, सात–आठ बार रोल होते ही उसकी शर्ट ब्लड से भर गई थी, मगर ये उसके जांबाज बनने की पहली सीढ़ी थी। तब उसका उत्साह दोगुना हो गया था। मगर आज इतने सालों में क्या उसे घुन लग गया था या उसका पैसा कमाने, प्रॉपर्टी जोड़ने की प्रवृत्ति ने, उसके कभी न हार मानने की प्रवृत्ति को डायल्यूट कर दिया था। वो सोचने लगा। पूरे पैतालीस बरस जैसे आंखों के आगे आ गए। तभी उसकी तन्द्रा टूटी। उसे कॉल हो रहा था, कैट स्कैन होना था, सो उसे हरी ड्रैस पहनाई जा रही थी। दुश्मनों को छटी का दूध याद दिला देने वाला यह जांबाज ऑफिसर कँपकँपा रहा था। रिपोर्ट दो घंटे बाद आने वाली थी। तब तक मोहित और वो कैंटीन में आ गए। उसने मोहित को देखा। कलम के पास के कुछ बाल सफेद हो गए थे, मगर चेहरे में वही चित–परिचित

मुस्कान और वही रोमांनी बातें, वहीं आशिक मिजाज। उसने सोचा, क्या मोहित के जीवन में कोई समस्या नहीं थी? क्या वो कभी परेशान नहीं हुआ? ऐसा तो नहीं हो सकता। पूछने का मन हुआ, पर हिम्मत नहीं हुई। जबर्दस्ती पूछ कर वो माहौल को स्ट्रेसफुल नहीं करने देना चाहता था। मगर शायद मोहित ने उसे पढ़ लिया। बोला ''डार्लिंग! प्रॉब्लम सबकी लाइफ में होती है, हर फूल के साथ कांटे होते हैं। मगर जीवन जीने का नाम है, बिंदास जियो। टेंशन न ले, कोई कुत्ती बिमारी नहीं है तुझे, चिल रह''। सुधीर का दवा का कोर्स लम्बा था। उसे अब नियमित टैबलेट्स के साथ जीना था। कुछ माह के लिए ड्राइविंग, एयर ट्रैवल रोकना था। आजीवन ऊर्जावान व्यक्ति पर रैस्ट्रिक्शन लग जाए तो खोखला होने लगता है और उसके अगले सात–आठ बरस बहुत द्वंद में गुजरे। बेटे को उसने गोल्फ जैसे महंगे खेल में लगा दिया। अब उसका उद्देशय ये था कि बच्चे अपने पैरों पर खड़े हो जाएं। पर सरकारी अफसरी से उसका मोह भंग हो गया था। इसी लिए एक दूसरा फील्ड अपने बच्चों के लिए चुना था। इन वर्षों में अपनी पत्नी के साथ वो एक समझौते की तरह रह रहा था। बच्चे अब बड़े हो गए थे, क्या कुछ नहीं गुजरा था उनपर। अब उन्हें एक डायरैक्शन मिल गया था। मैंने अरूण को बताया कि कैसे हम सब एक टूर पर गए। वहां पहाड़ के प्रति हिमालय के लिए उसकी दीवानगी देखी। उसका वाट्सएप स्टेटस अक्सर होता था – वैन आई हुक माई यूनिफॉर्म, यू विल फाइंड मी इन हिमालयाज। उसकी इस बात से मेरे अंदर एक थॉट डैवलप हुआ कि क्यों न हम एक बड़ी लैंड मिल कर परचेज करें और सारे फ्रैंड जीवन के इस पड़ाव में हिमालय के पास साथ में रहें। सुधीर एक्साइटेट था। उसने दस लाख का

चैक बिना कुछ सोचे दिया था। बोला एक्जीक्यूट करो इसे यार। ये क्यूरिसिटी थी या इम्पल्स, यह 'सर्च ऑफ पीस' थी या 'सर्च ऑफ सैल्फ रियलाइजेशन'। सुधीर के जीवन चरित्र को बताते–बताते शाम हो आई थी। शाम की चाय आ गई थी। अरूण की पत्नी से बात करते–करते पता चला कि मुंबई आने के बाद अरूण का भी हार्ट का एक वाल्ब खराब हो गया था और किस तरह जीवन की इस जद्दोजहद में वो सब गुजरे थे। इन लोगों से मेरी ये मुलाकात आज अप्रत्याशित और सपनों सरीखी थी। चौंतीस बरस पहले अरूण ने अल्मोड़ा छोड़ दिया था। चौंतीस बरसों तक कॉन्टैक्ट न होने पर उसने मुझे सोशल मीडिया पर ढूँढा, और ढूँढ ही लिया और मिलने का न्यौता दिया। तब मैं केरला में था। संयोग ये हुआ कि बिटिया का आई० आई० टी० में सलैक्शन हो गया, उसने आई० आई० टी० मुंबई ही लिया और मैं उसे छोड़ने मुंबई आ रहा था।

बेटी बचाओ, बेटी पढ़ाओः डाटर्स आर एन्जिल

देहरादून के जौलीग्रांट एयरपोर्ट पर पहुंचते ही बिटिया का उत्साह देखते बनता था। आज वो अपने ड्रीम कॉलेज आई0आई0टी0, मुंबई जो जा रही थी। मैंने ये रिजर्वेशन देहरादून से कराया था, क्योंकि दिल्ली में कोविड का संक्रमण तेज था और बस के यात्रियों के लिए रैपिड टैस्ट

रिपोर्ट जरूरी थी। देहरादून से हमारी फ्लाइट 2 घंटे की थी। चेक इन करने के बाद बिटिया बोली, ''पापा आज एन0सी0सी0 का भी रैंक टैस्ट का ट्रायल है कब पहुँचेंगे?'' ये उत्साह नहीं, अति उत्साह था। हो भी क्यों नहीं? उसने कड़ी मेहनत से आई0आई0टी0 जैसे दुनिया के सबसे टफ समझे जाने वाले इंट्रैन्स में सफलता पाई थी। मैंने उससे कहा ''पेशॅन्स रखो बेटा, अभी बहुत वक्त है, मैं पैटीज़ लेकर आता हूँ।'' हम दोनों ने एक – एक पैटीज खाई, पानी पिया और थोड़ी देर में बोर्डिंग अनाउंस हो गई। बोर्डिंग के बाद मैंने उसे देखा वो विंडो से बाहर फोटो ले रही थी। मैंने आंखें वहां कर लीं, थोड़ी देर मे प्लेन रनवे पर दौड़ा और उड़ गया और उससे भी तेज मेरा मन उड़ने लगा था। इस उड़ान ने मुझे ऑल सेन्टस कॉलेज, नैनीताल के स्पोर्टस डे में पहुँचा दिया।

ऑल सेन्टस कॉलेज, नैनीताल का बोर्डिंग स्कूल था, गर्ल्स के लिए, एशिया के बेहतरीन बोर्डिंग स्कूलों में शुमार। 150 वर्ष पुराना कॉलेज था। बेहद महंगा स्कूल था पर वर्थ पेइंग था। 1 नवम्बर ऑल सेन्टस कॉलेज का स्थापना दिवस था और स्पोर्टस डे भी था। आज से ही दिवाली की छुटि्टयां पड़ने वाली थी। कॉलेज के शानदार ग्राउंड में लोग अपनी–अपनी जगह ढूँढ़कर बैठने लगे थे। हम भी पूरे परिवार के साथ बैठ गए थे। छोटे बच्चे भी थे, उन्हें पता था आज उनकी दीदी रिले रेस और बाधा दौड़ (स्किपिंग करते हुए) में भाग लेने वाली थी। ठीक दस बजे प्रिंसिपिल मैडम जरमाया ने ओपनिंग अनाउंस की और शानदार कार्यक्रम शुरू हो गया। मुख्य अतिथि टॉम एल्टर थे, बालीवुड के एक्टर और स्पोर्टस के शौकीन, शानदार मार्च पास्ट, कदम ताल

करती देश के हर हिस्से से आई गर्ल्स, समां देखते ही बनता था। या यूं कहें कि प्रकृति ने सारे रंग आज उस ग्राउंड में छलका दिये थे, रिले रेस के लिए नामों का अनाउंसमेन्ट हो रहा था, पता चला कि बिटिया बैटन लेकर दूसरी नम्बर पर दौड़ेगी, सबसे लास्ट लैप के लिए। कॉलेज की सबसे तेज धाविका अर्शदीप दौड़ने वाली थी। ये ब्लू हाउस की टीम थी, जिसे ब्रेडबेरी हाउस भी कहते थे। सीटी बजने के साथ ही रेस शुरू हो गई। लोगों का उत्साह देखते ही बनता था। हर हाउस की गर्ल्स चिल्ला – चिल्ला कर अपनी टीम का उत्साह बढ़ा रही थीं। जब बिटिया के हाथ में बेटन आया तो विनांकरा – विनांकरा की गूंज सुनाई देने लगी। पूरी ताकत से दौड़ी थी बिटिया, वैसे भी वो जिस काम को करती पूरी शिद्दत से करती थी। फिर लास्ट लैप में दौड़ने वाली लड़की ने तो बांकी कन्टेस्टेन्ट को बहुत पीछे छोड़ दिया। ब्रेडबेरी हाउस जीत गया, हम सब बहुत एक्साइटेड थे। अपने बच्चे को परफॉर्म करते देखने से बड़ा सुख कोई नहीं है। फिर कुछ और इवेंट हुए, दो घंटे बीत चुका था, स्किपिंग रेस आज का लास्ट इवेंट था, हर हाउस से दो पार्टिसिपेंट थे यानि कुल आठ पार्टिसिपेंट। बिटिया के हाउस से अर्शदीप और दूसरी बिटिया थी, सबको ये ही लग रहा था, यह गोल्ड मैडल अर्शदीप ले जाएगी पर मैं ये मानने को तैयार नहीं था। मैं अपनी बिटिया को जानता था। प्रतियोगिता में परफॉर्म करना उसका जुनून होता था, केवल लम्बाई–चौड़ाई इस रेस में विजेता डिसाइड नहीं करने जा रही थी, मैं अकेला ही था जो ये महसूस कर रहा था कि ये रेस जुनून की है।

सीटी बजी..........स्किपिंग करते हुए बच्चे दौड़े, मैंने देखा बिटिया के चेहरे पर परफार्मेंस दिखाने का जुनून था बिल्कुल

फोकस। अर्शदीप थोड़ा रिलेक्स थी जैसे उसे पता था कि उसे कोई हरा नहीं सकता। दोनों लगभग बराबर चल रहे थे। लास्ट लैप में अचानक विनांकरा की स्पीड बढ़ गई। एक के बाद एक हर्डल्स को पार करते............. शोर बढ़ने लगा था, विनांकरा.... विनांकरा। रेस पूरी हुई.........मैंने देखा ब्रॉडबेरी हाउस की कुछ गर्ल्स ने उसेन बोल्ट का लाइटिंग सिम्बल बनाया, विनांकरा ने हाथ हिलाकर अपनी जीत का जशन मनाया, मुझे लगा इस बच्ची के फोकस और ऊर्जा को डायरैक्शन मिला तो ये बहुत आगे जा सकती है...........मेरे अंदर तभी प्लानिंग चलने लगी थी...... प्लानिंग लम्बी होनी चाहिए, महान सफलताओं को पाने के युद्ध अधीर होकर नहीं लड़े जाते.....।

जहाज में जोर की टर्बुलेंस हुई। मैं एकदम प्रजैन्ट में आया। बिटिया भी झटके से चौंकी थी। एक घूंट पानी पिया, बोली ''पापा आप सोए थे?'' मैंने बोला ''नहीं बेटा, आपको मिले गोल्ड मैडल को खुद पहनकर देख रहा था।'' वो जोर से हंसी थी। मुंबई आने वाला था, जहाज रनवे पर उतरा, 'मुंबई के छत्रपति शिवाजी महाराज इंटरनेशनल एयरपोर्ट पर आपका स्वागत है', के अनाउंसमेंट के साथ बिटिया 'वाऊ! वाऊ!' कहकर तालियां बजाने लगी थी। एयरपोर्ट से हमने टैक्सी ली। टैक्सी जैसे ही टर्मिनल दो से बाहर आई, बिटिया की तालियां बजने लगी थी। टैक्सी ड्राइवर बोला ''बहुत खुश लग रही है बिटिया रानी'', उसे मैंने बताया कि वो यहाँ आई०आई०टी० में एडमिशन लेने आई है। वो भी बोला — ''इनका तो जिंदगी बन गवा''। लैंग्वेज से वो प्रयागराज उत्तर प्रदेश के इलाके का लगा। पूछने पर बोला था ''इक्कीस साल पहले प्रयागराज से आया था, तब से यहीं

हूँ''। खिड़की से बाहर बेमिसाल मुंबई शहर दिख रहा था। आज मैं तीन वर्ष आठ माह बाद वापस लौटा था, पर आबोहवा में कोई अंतर नहीं था। वही मदहोश कर देने वाली एम्बिएन्स। थोड़ी देर बाद हम आई0आई0टी0 पहुँचने वाले थे। मैं भी बेहद एक्साइटेड था ये सोच कर, पर क्या आई0आई0टी0 हम थोड़ी देर में ही पहुँचे थे? शायद नहीं। लम्बी, फोकस्ड और खूबसूरत यात्रा रही थी हमारी, जिसकी शुरूआत अठ्ठारह बरस पहले हल्द्वानी शहर के एक नर्सिंग होम से हुई थी।

रात साढ़े नौ बजे पत्नी को लेबरपेन आने शुरू हो गए थे। आनन – फानन में हम उसे नर्सिंग होम लेकर पहुँच गए। रात के ढाई बजे हमारे घर में नए मेहमान का आगमन हुआ, उस मेहमान का, जिसका इंतज़ार पिछले नौ माह से हो रहा था, उस मेहमान का, जिसको माँ के पेट में अंदर से मारी किक पर हम न्यौछावर थे, उस मेहमान का, जिसका माँ के पेट में रहते हुए हमने अमिताभ बच्चन के नए रिलीज कैसेट, जिसमें प्रैग्नेन्सी के दौरान लोरी सुनाने और संस्कार के गीत थे, वो सुनाया था। उसका नाम जिस भी अक्षर से शुरू हो ज्योतिष के अनुसार, पर अपने दोनों भाईयों, जिन्हें मैं बेहद प्यार करता था, के नाम के इनिशियल लेकर पहले ही सोच लिया था 'विनांकरा'। दस दिन बाद हम नन्हीं सी जान को लेकर अल्मोड़ा आ गए जहां मैंने उसके नामकरण का भव्य आयोजन किया। शानदार भोज, संगीत संध्या और ढेर सारे मेहमान। वैसे भी हमारे घर के सारे प्रोग्राम चाहे शादियां हों, बर्थडेज़ हों या रस्में, हमेशा लोगों के डिस्कशन का केन्द्र रहीं हैं। बहुत भव्य, बहुत इनोवेटिव मशहूर लोक संगीत के पुरोधा शंकर उप्रेती की टीम ने उस शाम समां बांध दिया

था, हालांकि बारिश ने खलल जबरदस्त डाला, पर हमारा जोश कम नहीं हुआ था। अल्मोड़ा शहर में बेटी के नामकरण पर इतनी भव्यता शायद बहुत कम उदाहरण ऐसे रहे होंगे।

वो बच्ची धीरे – धीरे बड़ी होने लगी। जरा भी रोती तो मैं और उसके दोनों काका एकदम दौड़े चले आते। कई बार तो लगा, ये अतिवादी रवैया है पर उसे कभी रोने नहीं दिया। कभी उसे जुकाम हो जाता तो सारी – सारी रात तनाव के मारे मैं छत में टहलता रहता। बीसियों किलोमीटर केवल छत में नाप डाले थे मैंने। एक दिन खुद को समझाया 'बेटा ये व्यवहार उचित नहीं है उसके विकास के लिए'। चार साल की परवरिश के बाद खुद को समझा पाया। इन चार सालों में भी वो अपने दादा – दादी, मेरी बुआ, अपनी माँ, मौसी और काकी के साथ ही ज्यादा रही। मैं तो हल्द्वानी आ जाता था कभी काम से, कभी आशंका और डर को दूर करने। फिर उसके स्कूल जाने का समय भी आया। पहले दिन ही वो इतना रोई कि मैंने उसे अगले छः माह तक स्कूल भेजा ही नहीं। मेरी इस इमोशनल वीकनैस से बच्चे को नुकसान न हो, मेरी पत्नी ने मोर्चा संभाला और उसके स्कूल का जिम्मा खुद ले लिया। दो वर्ष की नर्सरी शिक्षा के बाद हमने उसे हल्द्वानी के स्कूल में कक्षा एक में दाखिला दिला दिया।

ये घटना उस वक्त की है जब वो क्लास दो में थी। उसके काका उसे लेकर शाम को घुमाने एक पार्क में ले जाते थे। वहां एक ऊंचे झूले में उसे जाने का साहस नहीं हो रहा था। वहां उसी के हमउम्र की बच्ची उसमें बड़ी सहजता से चढ़ जा रही थी। वो नहीं गई, काका उसे घर ले आए। दो दिन बाद उसने फिर काका से वहीं चलने की जिद की। काका उसे लेकर गए। घर आकर काका ने कहा

''यार इसने तो आज ऐसे ऐसे करतब दिखाए कि मैं तो दंग रह गया, ये पहले दिन तो उस झूले में चढ़ने में झिझक रही थी पर दो दिन बाद ये उसको ऐसे खिलौने की तरह यूज कर रही थी''। बच्ची ने दो दिनों में अपनी हमउम्र की सहजता को एक चैलेंज की तरह लिया और करके दिखा दिया। उस दिन हमें एहसास हुआ कि ये बच्ची बहुत जिद्दी है और ये ज़िद, ये जुनून उसका सबसे बड़ा हथियार है।

आई0आई0टी0 मुंबई के गेट के पास आकर हमारी टैक्सी अंदर दाखिल हुई। गेट पर सुरक्षा गार्डस ने रोक दिया। पन्द्रह मिनट की फार्मेलिटी के बाद हम आगे बढ़े। बच्ची ने यूट्यूब पर आई0आई0टी0 मुंबई के इतने वीडियो देख लिए थे कि सारी जगहें उसे जुबानी याद थी। उनको देखकर वो एक्साइट हुए जा रही थी। हम हॉस्टल नम्बर सोलह आ गए थे, जहां उसे चौदह दिन क्वारंटाइन किया जाना था, अकेले एक रूम में बिना बाहर निकले, पर वो तैयार थी, वो भी पूरे जोश के साथ। मैंने उसे हॉस्टल पर ड्रॉप किया। मेरी आंखों के आगे वो मंजर दौड़ गया जब हम उसे सबसे पहले आल सेन्टस के कॉलेज में ड्रॉप करने गए थे। सात बरस की थी तब वो।

जब हम अल्मोड़ा में पढ़ते थे, नैनीताल के स्कूल्स में जाने की एक इच्छा थी। वो मेरी ही नहीं, साथ पढ़ने वालों सभी की थी, और हो भी क्यों न, एक से एक स्कूल थे, शेयरवुड, सेन्ट जोजफ, ऑल सेन्टस, रैमनी, पर कुछ इनके महंगे होने और कुछ उस वक्त की फैमिली नौस्टालजिया के चलते हमने अल्मोडा के जी0आई0सी0 में एडमिशन ले लिया, जो नैनीताल के इन स्कूलों को कड़ी टक्कर देता था। एक से एक शानदार टीचर थे। स्वर्गीय राजेन्द्र तिवारी जैसे

स्पोर्ट्स टीचर, कहीं से भी कमतर नहीं था ये स्कूल। खैर, अब समय बदल गया था, बिटिया को भेजा जा सकता था। एन्ट्रैन्स दिया, इंटरव्यू दिया और एडमिशन हो गया क्लास 4 में। स्कूल से सामान की लिस्ट आई। वो खरीददारी, ब्लैक ट्रंक में उसे भरना, पहन–पहन के बिटिया ने कमोबेश सारी ड्रेसेस को देखा, घर का माहौल एकदम चेंज था। सबको अलग – अलग सामान दिखाया जा रहा था। बाथ गाउन, नाइट गाउन, ओवर कोट, कॉस्मेटिक्स, एक्सेसरीज। कई चीजें तो ऐसी थी जो हमारे लिए भी कौतुहल का विषय थीं क्योंकि हमने उसका यूज कभी किया ही नहीं था, अनोखी एक्साइटमेंट थी। इतनी छोटी बच्ची को भेजने का डिसिजन कई नाते–रिश्तेदारों के पल्ले नहीं पड़ा था, पर मेरे पिता की धीर गंभीर और हम भाईयों की तेज–तर्रार छवि के चलते ये बात वो सिर्फ पूछ सकते थे। उसे ऑल सेन्टस छोड़ दिया, मन में दुःख नहीं था, गर्व था इतने शानदार स्कूल में भेज पाए इस बात का। जून दो तारीख से एक माह की समर वैकेशन होने वाली है, ये बात हमें हॉलिडेज लिस्ट से पता चली, जो स्कूल से लौटते वक्त हमें मिली, यानी पूरे तीन महीने पांच दिन के बाद। मोबाइल और फोन अलाउड नहीं थे, बच्चों को हर पन्द्रह दिन में एक लैटर लिख के आर्थॉरिटीज़ के पास देना होता था। बस इसी का इंतज़ार हमें रहता, उसका अच्छी इंग्लिश में लिखा पहला लैटर मिला, जहां उसने डॉरमैट्री की लाइफ का ब्रीफ में जिक्र किया था। पत्र घर से सभी सदस्यों को जोर से पढ़कर सुनाया गया, सब खुश और संतुष्ट थे, मगर पूरी डिटेल का तो इंतज़ार था।

जून में हमें एनुअल डे और उसके पहली शाम की म्यूजिकल ईवनिंग में बुलाया गया था। पांच बजे हम लोग कॉलेज पहुंच गए, पूरा कॉलेज शानदार रोशनियों से सजा था। इत्र की महक सब जगह फैली थी। ऑडिटोरियम भरने लगा, कोई खूबसूरत इंग्लिश सांग की धुन बज रही थी, ये एकदम मैजिकल इवनिंग थी, ये माहौल बिल्कुल परीलोक सा था, कार्यक्रम शुरू हुआ, वैस्टर्न क्लासिकल म्यूजिक, फ्यूजन डांस और अंत में प्ले। इंद्रधनुषीय रंगों से सजी ये शाम कभी भुलाई नहीं जा सकी, आज भी याद करता हूँ तो रोंए खड़े हो जाते हैं। उसके बाद सात वर्ष तक हम लगातार गए, हमेशा प्रोग्राम अच्छा लगा, पर पहली बार के एक्सपीरिएन्स को भुलाना संभव नहीं है। ये पहले प्यार की तरह है, गहरा, रहस्यमयी और गुदगुदाता सा। अगले रोज एनुअल डे भी क्या लाजवाब था। उस दिन लगा कि किसी बड़े-बूढ़े का गहरा आशीर्वाद ही मिला होगा जो ये खूबसूरती देखने को मिली। बार-बार दिल से स्वर्गीय दादाजी और इस सौभाग्य के लिए ईश्वर को धन्यवाद बोला था, तीन घंटे चले उस प्रोग्राम के बाद हम बिटिया को लेकर आ गए, उसने अगले दस दिनों में बताया कि किस तरह डॉरमैट्री में सोते समय सारे बच्चे एक-दूसरे को तकिए से मारते हैं, कैसे वार्डन की बत्ती बंद करने के बाद भी टार्च जलाकर ढेर सारी बातें देर रात तक करते हैं, कैसे पांच बजे उठकर परेड और स्पोर्टस की प्रैक्टिस होती है। सब एक फेयरी टेल था। हम अपने मकसद में कामयाब थे। बच्ची के बेसिक्स मजबूत हो रहे थे, वो बहुत जल्दी जीना सीख रही थी। छुट्टियां कब खत्म हुईं, पता ही नहीं चला... जूनियर स्कूल से मिडिल स्कूल में पहुंच गई। उसका परफॉरमेंस शानदार था, वैसे भी मैं बच्चे की स्टडी के लिए बहुत बौदर करने वाला पेरेंट नहीं था,

शायद ही मैंने उससे कभी पढ़ाई के बारे में पूछा, मैं हमेशा एक्टिविटीज के बारे में ही पूछता रहता था। उसे भी पता था पापा और मम्मी कभी स्टडी के लिए पूछते नहीं। उसे भी आश्चर्य होता था कि पापा उसे डांटते क्यों नहीं हैं, उसने पूछा था एक बार ''पापा आप मुझे डांटते क्यों नहीं हैं'', मैंने कहा ''क्यों बेटा'', बोली ''सबके पेरेंटस डांटते हैं'', मैंने कहा ''आप हो ही इतने अच्छे, मेरी जान, मेरा मान, मेरा सम्मान क्यों डांटूँ''? उसपर मेरी बात का क्या असर हुआ ये तो नहीं मालूम पर परिणाम बताते हैं कि अच्छा ही रहा होगा। मिडिल स्कूल के बाद तो वो नाइंथ क्लास में चली गई, उसका सैक्शन बदल गया था। एक 'पेरेंट – टीचर मीटिंग' में उसकी एक टीचर मिली, जिनका नाम मिस प्रयास था, वो इंग्लिश पढ़ाती थीं। उनसे मिलने से पहले बच्ची एक शाई गर्ल थी, कम बोलती थी। ऐसा लगता था वो आने के बाद बताएगी भी नहीं चीजों को, पर इस टीचर के आने के बाद बिटिया का व्यवहार अचानक ही चेंज हो गया था। उसका आत्मविश्वास, आत्मबल सब ड्रास्टिकली चेंज हो गया था। एक 'पेरेंट – टीचर मीटिंग' में मिस प्रयास ने बताया कि बिटिया कह रही थी ''मैं हमेशा सेकेन्ड आई मैम... आज छः बरस बाद पहली बार क्लास में फस्ट आई हूँ'', जिससे वो पीछे रहती थी उसे हराकर उसमें बेहद आत्मविश्वास आया था। हमें एक बार फिर से वो जुनून दिखा। इस नए कॉन्फिडैंस का बहुत बड़ा श्रेय मिस प्रयास को जाता है। एक टीचर कितना बड़ा चेंज ला सकता है। मिस प्रयास एक मिसाल थी कि टीचर कैसा होना चाहिए, एक बेमिसाल टीचर, एक मेंटर, एक ट्रांसफार्मर।

एक बार स्कूल का ट्रिप सात ताल गया, वहां स्क्रॉलिंग करते हुए रस्सी के सहारे एक पहाड़ी से दूसरी पहाड़ी जाना था। नीचे देखने पर डर लगता, बहुत सारी गर्ल्स झिझकीं भी, पर बिटिया ने इस एडवेंचर में अपना नाम सबसे पहले लिखवाया था। कॉन्फिडैंस का लेवल बहुत हाई था पर उसे डायरैक्शन देना था, उसका पोटेंशियल भी देखना था, राह भी चुननी थी, पर ईश्वर ने रास्ता दिखा दिया। विंटर वैकेशन में वो मुंबई आई थी। मैं उन दिनों मुंबई में रहता था, एक बच्ची जो मेडिकल की तैयारी कर रही थी, वो मुझसे कैमिस्ट्री की गाइडैंस लेने घर आती थी। बिटिया भी इस दौरान बैठ जाया करती थी। कॉन्सैप्ट समझाने के बाद उस बच्ची से भी जल्दी कई क्वैश्चन के जवाब बिटिया दे देती थी। मुझे रास्ता दिख गया था। उन दिनों इसके काका मुंबई घूमने आए थे, इस दौरान हम आई०आई०टी० मुंबई के टैक फैस्ट को देखने गए थे। बातचीत के दौरान ही मैंने कहा — ''हो सकता है चार साल बाद यही आपकी कर्म भूमि बन जाए, आप यहीं पढ़ो।'' शायद ये बात उसके जहन में गहरे उतर गई थी।

आई०आई०टी० के हॉस्टल में उसे ड्रॉप करके मैं वापस लौटा, आई०आई०टी० के गेट पर मुझे मेरा बचपन का साथी रिसीव करने आने वाला था। कैन यू बिलीव वो मुझे आज चौंतीस बरस बाद मिलने वाला था, ये एक्साइटमेंट ही अलग तरह का था, मुझे वेट करते दस मिनट हो गए थे तभी 'मनोज' की आवाज आई। एक गंजा दाढ़ी वाला मेरा नाम पुकार रहा था, ये अरूण था। आज चौंतीस बरस बाद दो गंजों का मिलन हो रहा था। आज की रात अनोखी होने वाली थी, अरूण के चेहरे को मैं गौर से देख रहा था। कलम

सफेद हो गई थी, चेहरे पर जमाने भर के अनुभव की आड़ी तिरछी रेखाएं थीं। पीछे की सीट पर उसका बेटा बैठा था। तभी अरूण ने पूछा ''मनोज आपकी बुआ कैसी हैं'', मैंने जवाब दिया, ये जवाब लम्बा हो गया। बुआजी सुनते ही आत्मा झंकृत हो गई, जैसे किसी ने वीणा के सात सुरों को एक साथ छेड़कर कोई दिव्य धुन तैयार कर ली हो। ''बुआ का देहांत तो 2014 में हो गया था यार। बिटिया तब सेवन्थ क्लास में थी, स्कूल से स्पेशल रिक्वेस्ट पर हम उसे लेकर आए थे, यार मृत्यु क्या होती है इसका अनुभव उसे पहली बार हुआ'' – कहते कहते मेरी आंखें भर आईं। अरूण ने बात को समझा और बात बदलकर बोला ''तुम गोवा रहे हो क्या''? मैंने बताया उसे – बुआजी की मृत्यु के बाद मैं थोड़ा विचलित हो गया था, मुझे एक नई जगह चाहिए थी, जहां मैं व्यस्त रहूँ और स्मृतियों से दूर, और 2014 जुलाई में, मैं पणजी, गोवा शिफ्ट हो गया। बिटिया विंटर वैकेशन में गोवा आई थी। नए शहरों, नए एवैन्यूज का उसे अनुभव हो रहा था, और स्कूल तो शानदार था ही। उस साल फरवरी में नैनीताल में भारी बर्फबारी हुई। ऑल सेन्टस कॉलेज बर्फबारी के बाद बहुत सुंदर लगता था। लगता था, पहाड़ों के बीच में कोई परिलोक है, बिटिया ने बताया कि इस बार बर्फबारी के बाद सारे बच्चों ने बर्फ के गोलों को खाया था, बर्फ के बाद हल्की धूप और पिघलती बर्फ का नजारा जादुई होता है, और उस स्कूल के कैंपस में तो और भी मजेदार।

इधर मैं 2015 के अक्टूबर में मुंबई आ गया था, कुछ समय लगा यहां एडजैस्ट होने में, उसके बाद तो ये शहर जैसे दिल में बस गया। जब भी नरीमन प्वाइंट निकलता या मुंबई की सड़कों पर निकलता, पता नहीं क्यों लगा कि इस

शहर से मेरा कोई गहरा नाता है। ऐसी फीलिंग अपनी जन्म भूमि अल्मोड़ा में भी नहीं हुई थी, ये बस यहीं होती रही। बिटिया जब भी मुंबई आई, वो भी इस कहावत से अछूती नहीं रह पाई – ''मुंबई पहले डराती है, फिर अपनाती है, और फिर इसे आप छोड़कर नहीं जा सकते। शायद यही कारण था कि मुंबई बिटिया के सपनों का शहर बन गया था और इस सपने को पूरा करने के लिए उसने पूरी ताकत लगा दी थी।

उस दिन हम बोरीवली के एक मॉल में गए थे। मैं, बिटिया, पापा और मम्मी। टहलते – टहलते हम थर्ड फ्लोर पहुँचे, वहां एक शॉप थी, ''एस0ओ0टी0सी0 वर्ल्ड टूर'' मैंने बेटी से कहा ''चलो देख के आते हैं'' वह बोली ''छोड़ो पापा जबर्दस्ती क्यों जाएं इस शाप में''? मैंने कहा ''बेटा जानकारी ले लेते हैं, क्या पता कब मूड बन जाए'' बोली ''छोड़ो न पापा'', पर मेरी जिद के आगे मान गई। हमने जानकारी ली, फोन नम्बर लिया और स्नैक्स खाने के बाद हम लौट गए। बोरीवली वैस्ट से ईस्ट हम रिक्शा से गए। गेट पर उतर कर वॉक करते हुए हम अपनी सोसाइटी की तरफ गए। रास्ते में मैंने कहा ''बेटा घूम के आएं स्वीटजरलैण्ड'', वह मुस्कुरा दी, पर तवज्जो नहीं दी, मानो पापा ऐसे ही कह रहे हैं, उसे लगा था। पर मेरा विचार मेरे बढ़ते कदमों के साथ दृढ़ होता जा रहा था और मेरा मन प्लानिंग करने लगा था। थॉट ये चल रहा था कि अभी ये नाइन्थ क्लास में है, अगले साल बोर्ड हो जाएगा फिर ग्यारहवी क्लास तो कैरियर बिल्डिंग के बरस होंगे, यही राइट टाइम है इसे बाहर घुमाने का।

रात सोया पर आंखों में नींद नहीं थी। कई बार उठा, आदितन कागजों में बहुत सारे प्लान बनाए, काटे, फाइनैंस

का हिसाब लगाया, फिर काटा, कागज पर कागज बर्बाद हुए, और इस पूरी प्रोसेस में सुबह के वक्त मुझे हल्की सी नींद आ गई। बिटिया की छुट्टियां खत्म हो गईं। मैं इन सबको हल्द्वानी छोड़ के आया और वापस मुंबई आ गया। आने के बाद मैंने डिफ्रैन्ट वर्ल्ड टूर आर्गेनाइज़रर्स से टूर के प्लान स्टडी किये, आइटेनरी देखी, टाइमिंग्स देखी, बिटिया की और वाइफ के स्कूल की भी समर वैकेशन को ध्यान में रखते हुए पाँच जून का रिजर्वेशन करा दिया। ये साल 2017 था, जीवन के बहुत सारे पलों में मैंने ये महसूस किया है कि कोई अनजानी शक्ति मुझे रास्ता दिखाती रही है, मेरे लिए प्लानिंग करती रही है, मुझे अनुकूल समय देती रही है। ये कोई अंधविश्वास या कोरी कल्पना नहीं है, मुझे बहुत बार ये रियेलाइजेशन हुआ है। एक बार अल्मोड़ा में, मैं अपने दादाजी की फोटो स्टूल में चढ़कर, जो कि उनके निधन के बाद मैंने दीवार में लगाई थी, उसको साफ कर रहा था। मेरे दोनों हाथ फोटो को निकाल रहे थे। अचानक स्टूल डिसबैलेंस हो गया, पर लगा जैसे कि फोटो ने मुझे संभाल लिया। मैं आश्चर्यचकित था, मुझे लगा किसी ने सहारा दिया मुझे। ऐसे ही बॉम्बे से दिल्ली आते समय मेरी फ्लाईट लेट हो गई थी। मेरी रात की ट्रेन, जो दिल्ली से काठगोदाम वाली रानीखेत एक्सप्रैस थी, 10 बजकर 40 मिनट पर रात को चलती थी। एयरपोर्ट से टैक्सी लेकर पहुँचते – पहुँचते मुझे 10:55 हो गया था। मैं सोच रहा था ये ट्रेन तो गई, फिर भी अंदर से एक आवाज आई कि चल यार प्लेटफॉर्म नम्बर 11 पर चलकर देखते तो हैं। वो ट्रेन, जो कि पिछले कई सप्ताह से नियमित समय से चल रही थी, आज आधा घंटा लेट हो गई। ये संयोग नहीं था, ऐसे न जाने कितने पल हैं जब भी मैं कमजोर पड़ा, ऐसा लगा कि किसी ने मुझे

अचानक उस दलदल से बाहर खींच लिया, ये कोई दैवीय शक्ति है या बड़े–बूढ़ों का आशीर्वाद, नहीं पता, पर कुछ न कुछ है, एक गाइडिंग लाइट, एक फोर्स, बहुत रहस्यमयी पर हैल्पफुल। मेरी ये यात्रा मैं प्लान कर रहा था पर डेट्स नहीं मिल रही थी कि जिनमें सब लोग फ्री हों, बजट मेरी औकात में था, ऐसा लगा जैसे कोई चाहता है कि मैं इस टूर में जाऊं, कौन था वो? कहां था वो? ईश्वर की योजनाएं आपकी इच्छाओं से ज्यादा सुन्दर होती हैं। प्लानिंग हो गई, अब वीजा का प्रोसेस था, टूर आर्गेनाइज़र से बात करके मैंने वही डेट लेने को कहा, जिस दिन बच्ची के स्कूल ऑल सेन्ट्स कॉलेज में ईस्टर की छुट्टियां होने वाली थी। फिर एक आश्चर्य, फिर एक दैवीय शक्ति, फिर एक गाइडिंग लाइट, वही डेट मिल गई जिसकी हमें जरूरत थी। उस डेट पर हम दिल्ली पहुँच गए और नियमित समय पर ऑफिस, टूर की नींव का पत्थर रखा जा चुका था।

स्वीटज़रलैण्ड : ए हैवन ऑन अर्थ

बिटिया के स्कूल में समर वैकेशन हो गई। 2 जून को शानदार एनुअल डे के बाद हम उसे लेकर लौटे। 4 को हमें मुंबई पहुँचना था, 5 की सुबह 5 बजे तुर्किश एयरलाइन से हमारी फ्लाइट थी। 4 जून को दोपहर भर मैं करैन्सी बदलवाने को दौड़ता रहा था, वाइफ और बिटिया घर में सामान पैक कर रहे थे, मन में उत्साह तो था पर सच कहूं तो एक डर भी था... शायद आशंका, पर मैं इस टूर का डायरैक्टर था, मुझे मजबूत बने रहना था। खुशी, डर, आशंका, और मजबूती की इस कम्बाईंड फिलिंग को हम पेट

से ऊपर को उठते ठंडे पानी की संज्ञा देते आए हैं। इस फीलिंग में एक हूक सी उठती है, ये कुछ ऐसी ही फीलिंग है जैसे इश्क में होती है.....।

एक मिडिल क्लास फैमिली के लिए विदेश यात्रा एक बड़ा सपना होती है और अपने दोस्तों में, मैं पहला था जो विदेश घूमने जा रहा था। ये एक एचीवमेंट था, इसका नशा मेरे सर चढ़कर बोल रहा था। शाम को मैंने सुबह तीन बजे के लिए ओला बुक कर दी। हल्का खाना खाकर मैंने वाइफ और बच्चे से कहा– सो जाओ, दो बजे उठाऊंगा। खुद मैं भी सोने चला गया, पर नींद का तो सवाल ही नहीं था। घड़ी देखते – देखते ही समय कट गया और तीन बजे हम लोग एयरपोर्ट की ओर चल दिये। बोरिवली से एयरपोर्ट ज्यादा दूर नहीं था। सुबह तो बहुत कम ट्रैफिक था। यूं तो एयरपोर्ट हम बहुत बार गए थे पर इंटरनेशनल फ्लाइट के लिए क्यू में लगने का आनंद ही कुछ और था। मुबंई एयरपोर्ट में सारी प्रोसेस बड़ी सिस्टेमैटिक थी। तमाम प्रोसेस से गुज़रने के बाद हम गेट पर पहुँच गए, जहां से फ्लाइट का टेक ऑफ था। 'उफ्फ' उस फीलिंग को मैं चाह कर भी एक्सप्रैस नहीं कर सकता। बिटिया और पत्नी के चेहरे का ग्लो देखते ही बनता था। थोड़ी देर बाद बोर्डिंग एनाउंस हो गई और हम प्लेन में सवार हो गए, ये एक विशाल प्लेन था, यूजुवली जिस तरह के प्लेन में हम सफर करते रहे हैं उससे काफी बड़ा, ठीक पांच बजे प्लेन इस्तानबुल की ओर उड़ गया।

लाफिंग बुद्धा

इस्तानबुल की ओर जाने वाली इस फ्लाइट में नाश्ता परोसा जा रहा था। बैठे रहने की फीलिंग शानदार थी, सवाल टाइम डिफ्रेंस का था जिसे हम आम तौर पर 'जेट लैग' कहते हैं। बिटिया जूस और स्नैक्स का मजा ले रही थी। इस्तानबुल पहुँचने के बाद हमारी फ्लाइट दो घंटे के बाद पेरिस के लिए थी, समय कम था। हमें चेकइन के लिए प्रोसीड करना था। दिमाग बेचैन था। डीप्लेन होने के बाद बस से हम टर्मिनल तक पहुँचे, फिर पूछते हुए या यूँ कहें

कि पूछते–भागते हुए रिस्पेक्टिव काउंटर पर और फिर गेट के पास। वेटिंग के दौरान ही वहां एक फैमिली से हमारा परिचय हो गया, वो भी इसी ग्रुप–टूर पर घूमने आ रहे थे और दिल्ली से आए थे। मूलतः वो मध्य प्रदेश के रहने वाले थे। बिटिया से चार साल छोटी उनकी भी एक बिटिया थी और दोनों मिया बीवी डॉक्टर थे। उनसे हमारा अच्छा परिचय हो गया था। इस्तानबुल से पेरिस की ओर ये एक सामान्य प्लेन था। पेरिस में हमें रिसीव करने कैब आने वाली थी। राइट टाइम पर हम एयरपोर्ट पर लैंड हुए और लगेज कलेक्ट करने के बाद इमिग्रेशन और अन्य फॉरमैलिटीज़ के बाद कैब में हम छः लोग होटल की ओर रवाना हुए। हमलोगों का परिचय गाढ़ा हो गया था। ये नई दोस्ती की शुरुआत थी। राइट टाइम पर हम होटल पहुँच गए। होटल अच्छा था। 5 स्टार तो नहीं था, पर कम्फरटेबल था। रूम में फैन नहीं था, शायद उसकी जरूरत नहीं थी, यूरोप का मौसम तो ठंडा ही होता है। रूम की खिड़की से बाहर खूबसूरत नजारा था। सच बात तो ये है कि इससे खूबसूरत नजारे मेरे शहर अल्मोड़ा में मेरे बेडरूम की खिड़की से दिखते हैं, पर यहां ये नजारा दिल में उतर गया क्योंकि ये नजारा विदेशी था और कॉस्टली भी।

शाम को हमलोगों को पहले खाना खाने ले जाया गया, इंडियन फूड था, मजा आया, फिर रात को पेरिस की सैर। अन इवनिंग इन पेरिस....। रात को एफिल टावर रोशनी से जगमगाता है। ये नजारा ही बेमिसाल था। पहला दिन आकर्षण से भरपूर था। वापस लौटकर हम सो गए, थकान बहुत थी इसलिए नींद आ गई। अगले दिन हम एक महल को देखने गए, उस महल में दो घंटा बिताने के बाद हम

खाना खाने बीच में रुके थे। हमारी यात्रा का अगला पड़ाव डिज्नीलैंड था। हम सुबह बड़े उत्साह से नाश्ता करके तैयार हुए। नाश्ते में ग्रीन एप्पल, उबले हुए आलू थे लेकिन आलू का छिलका उतरा हुआ नहीं था। बड़ा इन्ट्रेस्टिंग नाश्ता था और हमारे लिए तो नई बात थी। ब्रेड–बटर, जैम, मिल्क। नॉनवेज वालों के लिए सलामी थी, नाश्ता बढ़िया था। हमलोग बस में बैठ गए और उसके बाद डिज्नीलैंड की तरफ चले गए। डिज्नीलैंड में बहुत सारी एक्साइटिंग राइड्स थीं। हमने उन राइड्स को इंजॉय करने का मन बनाया। पहली राइड टेढ़े–मेढ़े ट्रेन के ट्रैक पर ऊपर–नीचे होते हुए एक बहुत ही रोमांचक यात्रा थी। उफ! आज भी याद करें तो रोंगटे खड़े हो जाते हैं। डर, खुशी इन दोनों की मिलीजुली चीखें सबके मुँह से निकल रही थीं। ये डर और एक्साइटमेंट इतना था कि मेरी हिम्मत अगली राइड में जाने की नहीं हुई। पत्नी सारी राइड्स पर गईं, बिटिया मेरे साथ ही रही। तीसरी राइड जो हमने की, उसमें 360 रोटेशन था। क्यू में लगने के बाद मैं और बेटी बाहर आ गए। आज लगता है डरना नहीं चाहिए था, हालांकि जब वाइफ और डॉक्टर मालवीया बाहर आईं उस राइड के बाद, तो उनके चेहरों पर हवाईयां उड़ रही थीं। लग रहा था बहुत डर गई थीं, पर उनका जवाब हमें पता था कि तुमलोगों ने कुछ मिस कर दिया है, बड़ा आनन्द आया। हम भी मुस्कुरा दिये क्योंकि हमें न जाने के अफसोस से बचना था। फिर डिज्नीलैंड में इवनिंग परेड होती है कैरेक्टर्स की, ये वहां का सबसे खूबसूरत और आकर्षक इवेंट था। हमने भी ढेर सारे फोटोग्राफ लिए और डिज्नीलैंड की हमारी ये कभी न भुला देने वाली जर्नी पूरी हुई।

लौटते समय हम पेरिस मार्केट गए। अगले रोज एफिल टावर में जाने का कार्यक्रम था। मेकैनिकल इंजीनियरिंग के इस शानदार अजूबे को देखने का रोमांच ही अलग था। दूसरी मंजिल से ऊपर जाने की अब अनुमति नहीं है, इसलिए केवल दूसरी मंजिल तक ही हम जा पाए। वहां से पेरिस शहर बहुत खूबसूरत लगता है। फोटोग्राफी के बाद हम लौट आए और फ्रांस में हमारी ये यात्रा एक हिन्दुस्तानी रेस्टोरेन्ट में खाना खाने के साथ ही पूरी हुई।

रात नींद आनी नहीं थी क्योंकि दुनिया की सबसे खूबसूरत कंट्री स्विटज़रलैंड हमारी अगली यात्रा थी। जिस कंट्री के बारे में बचपन से सुना था, यश चोपड़ा की फिल्मों में जिस कंट्री को देख–देखकर आहें भरी थी, आज उसे साक्षात देखने का मौका मिला था। न जाने कितने धन्यवाद ईश्वर को दिये, अपने दादाजी और बुआ जी के आशीर्वाद को दिए। सुबह के वक्त हल्की सी नींद आई। हम उठकर तैयार हुए, नाश्ता किया और बस में बैठ गए। यहां टूर पर आए कर्नल जाधव से मेरी अच्छी ट्यूनिंग हो गई थी। स्विटजरलैंड तक की यात्रा हम बस से करने वाले थे और स्विटजरलैंड के एक हिल स्टेशन एंगलबर्ग जा रहे थे। बस में कर्नल जाधव और मैं साथ–साथ ही बैठे। बड़े शीशों वाली ये बस एंगलबर्ग की ओर चल पड़ी। बहुत शानदार नजारे, दूर दिखते हरे खेत, साफ सुथरी सड़कें, ये सफर यादगार बनने जा रहा था। रास्ते में हम एक जगह स्नैक्स के लिए रुके। बहुत अच्छा खाने को कुछ मिला नहीं, पर खाना सेकेन्ड्री था। रास्ते में हम वॉशरूम के लिए स्विटजरलैंड की सीमा पर एक जगह है ''बासिल'', वहां रुके और उसके बाद एंगलबर्ग की यात्रा फिर कंटिन्यू हुई।

एंगलबर्ग एक खूबसूरत हिल स्टेशन था। जिस होटल में हम ठहरे थे, उसका रास्ता मेन्ड्रेक पर की लिखी कॉमिक्स में मौजूद जनाडू की तरह था। ये ऊँची पहाड़ी पर बना होटल था। इसका रेस्टोरेन्ट इंडियन फूड से सराबोर था। शाम में पहुँचने के बाद पूरी टीम फोटोग्राफी में लग गई। प्रकृति का अलौकिक नजारा था। पहाड़ों पर पड़ती धूप और क्लाइमेट बेमिसाल थे। कोई संदेह नहीं, ये दुनिया का सबसे सुंदर देश है। फोटो सेशन के बाद फिर एक–दूसरे से परिचय हुआ। खाने के बाद ये मदमाती शाम सुबह के इंतजार में और जवान हो गई थी। हमारा अगले तीन रोज तक यहां रुकने का कार्यक्रम था। अगले दिन हमें आल्पस माउंटेन जाना था, हमें बस ने रेलवे स्टेशन पहुँचा दिया। पहाड़ों की ओर जाती हुई छोटी–सी ट्रेन बेहद हसीन नजारों से गुजर रही थी। इस ट्रेन के बाद हमें एक और ट्रेन पकड़नी थी, उन दो ट्रेनों का सफर भुलाए नहीं भूलता। आज भी रोंए खड़े हो जाते हैं। बहुत बार चूंटी काट के देखता हूँ, कहीं ये एक सपना तो नहीं! जुंग फ्राउ तक हमने फोटो सेशन किया। ये ट्रेन जब गुजरती है, तो पहाड़ को काटकर उसके बीच से ये रास्ता बनाया गया है, उस अंधेरी सुरंग में बीच–बीच में खिड़कियां बनी हैं। जहाँ ट्रेन रुकती है, आप उतरकर उन खिड़कियों से बाहर देखते हैं तो बर्फ से लखदख माउंटेन दिखते हैं। आपको एहसास होता है कि आप पहाड़ के बीच से गुजर रहे हैं।

आल्पस माउंटेन में पहुँचने के बाद बाहर निकलते ही बेमिसाल नजारा था। हम बहुत ऊँचाई पर थे, हमने वहां बर्फीले खेल खेले। जुंग फ्राउ पर फोटो खिंचवाई, जो यूरोप की सबसे ऊँची जगह है। आज भी रात के सन्नाटे में कभी

उठ बैठता हूँ, तो खुशी की किलकारियां गूँजने लगती हैं जो उस जर्नी के रोमांच में निकली थीं। आल्प्स माउंटेन में दो घंटे बर्फ में बिताने के बाद उसी तरह से नीचे जाती हुई दो ट्रेनों से नीचे पहुँचे। शाम फिर होटल में शानदार खाना व गेट टुगेदर हुआ। अगले दिन हमें इंटरलेकन जाना था जहां से हम और ऊपर की यात्रा करने वाले थे। अगले दिन नदियों की खूबसूरत बहाव के पैरलल चलती हमारी बस ने हमें इंटरलेकन पहुँचाया। इस इंटरलेकन में ऐसा लगा कि बचपन की कल्पनाएं और यश चोपड़ा की फिल्मों का वो सीन री–क्रियेट हो गया। बग्घियां चल रही थीं, खूबसूरत मैदान था। यश चोपड़ा ने अपनी फिल्मों में इस जगह को बहुत दिखाया, इसीलिए उन्हें इंटरलेकन का टूरिस्ट एम्बेसडर बनाया गया और उनकी एक मूर्ति वहां स्थापित की गई है। हमने भी उस मूर्ति में भारतीयता को महसूस करके ढेरों फोटोग्राफ खींचे। वहां से हमने कुछ खरीददारी भी की। फिर दो ऑप्शन थे – या तो आप पैराग्लाइडिंग पर जाइये, या फिर आप स्कींइग और बर्फ के खेल करने के लिए हवाई मार्ग से ट्रॉली के थ्रू जाइये। हमने बर्फ का ऑप्शन चुना और हम ट्रॉली के थ्रू बर्फ के खेल खेलने के लिए चल दिए। बर्फ में स्कैड पैड फोड़ते हुए कई बार चीखें निकल गईं। ये अनुभव शब्दों में नहीं बताया जा सकता। तीन घंटे वहां बिताने के बाद हमारी बस अब वापसी के लिए हमें ज्यूरिख की तरफ ले जा रही थी। हमने ज्यूरिख से पहले एक छोटे से शहर में ढेर सारी चॉकलेट और कुछ घड़ियां खरीदीं, जो कि घर वालों ने अपने लिए मंगवाई थीं। खरीददारी पूरी होने के बाद हमलोग होटल में ठहरे। अगले दिन हमारी फ्लाइट ज्यूरिख से इस्तानबुल होते हुए मुंबई की थी। रातभर ये खूबसूरत यात्रा महसूस करते हुए अगली सुबह हम ज्यूरिख

एयरपोर्ट से वापस रवाना हुए। इस प्रकार एक सपनों सरीखी ये यात्रा पूरी हुई। मुंबई पहुँचने के बाद हम सुबह सो गए। मुंबई में सात दिन रुकने के बाद हमारा वापस हल्द्वानी का प्रोग्राम था और यहां भी एक उत्सव हमारा इंतजार कर रहा था। मम्मी–पापा की शादी के पचास बरस पूरे हुए थे। यहां एक छोटी–सी पार्टी का आयोजन किया गया। संगीत से भरी ये खूबसूरत शाम बेहद दिलकश थी। अपने सभी जानने और चाहने वालों को हमने आमंत्रित किया था। जुलाई में बिटिया के स्कूल खुल गए थे। बिटिया को नैनीताल छोड़कर और पत्नी के द्वारा हाट जाने के बाद हम वापस मुंबई आ गय।

अरुणघर आ गया था। वो मुंबई से कुछ दूर बसे इलाके ठाणे में रहता था। हमें करीब घंटा भर लगा था आई०आई०टी० से यहां पहुँचने में। उसके परिवार से मैं पहली बार मिला था। बड़ी गर्मजोशी से उन्होंने स्वागत किया, फिर हम खाना खाने बैठे। अरुण ने पूछा, ''बिटिया का स्कूल आई०सी०एस०सी० था या सी०बी०एस०सी?'' मैंने बताना शुरु किया। वो बिटिया की इस शानदार सफलता से अभिभूत था, हर बात जान लेना चाहता था तैयारी की।

जुलाई 2017 में मैंने मुंबई छोड़ दिया और मैं केरल के त्रिवेन्द्रम शहर आ गया। मुंबई मैंने क्यों छोड़ दिया, कारण तो दिमाग बहुत सारे ढूंढ लेता है, पहला कारण तो ये था कि मैं बिटिया को अपने साथ अपने गाइडेंस में तैयारी करवाना चाहता था। मैं ये भी चाहता कि वो बायोलॉजी भी ले, क्यों चाहता था पता नहीं, शायद कोई डर था। मुंबई में बायोलॉजी का कॉम्बिनेशन नहीं था और दिनभर मैं भागा–भागा फिरता तो बिटिया इतने बड़े शहर में अकेले कैसे

मैनेज करती, ये दूसरा डर था। हालांकि आज मुझे लगता है कि ये डर से ज्यादा एक पिता का ओसीडी था। मैं इसे डिसऑर्डर कहूँगा, वरना मेरी बच्ची हर काम में निपुण और माहिर रही है। लेकिन जो भी हो, मुंबई छूट गया। शायद ये किसी ईश्वरीय योजना का हिस्सा था। त्रिवेन्द्रम पहुँचने के बाद मैं आठ दिन होटल में रहा। मेरे मित्र अजीत दुबे जिनके साथ मैं वर्क करने पहुँचा था, उन्होंने इंस्टीट्यूट के पास ही एक सोसाइटी में मेरे लिए एक फ्लैट का अरेंजमेंट किया, ये एक अनजाना शहर था। हालांकि मैं इस शहर में दस–दस, पंद्रह–पंद्रह दिन के टूर पर अजीत दुबे जी के निमंत्रण पर क्लास लेने पिछले सत्रह वर्षों मे कई कई बार आया था, पर लंबा रहने पहली बार आ रहा था। भाषा, खानपान सब अलग था, पर त्रिवेंद्रम एक खूबसूरत शहर है। यहां की आबो हवा शानदार है। दिसंबर में बिटिया की विंटर वैकेशन हो गई, मैं उसे और मम्मी–पापा को लेकर त्रिवेंद्रम आ गया। वो बोर्ड की तैयारी के लिए यहां आ गई। शायद एक महान सफलता की पटकथा लिखी जा रही थी और शायद ये सब ईश्वर की योजना का हिस्सा था। हम लोग त्रिवेंद्रम की इस खूबसूरत आबो हवा में उसकी तैयारी के दौरान घूमने भी जाते थे। दिसंबर के एण्ड में पत्नी ने भी त्रिवेंद्रम में हमें ज्वाइन किया क्योंकि उसके स्कूल में विंटर वैकेशन हो गई थी।

मैंने बिटिया को बोर्ड की तैयारी करते देखा। उसे जो भी किताब मैं लाकर देता उसे वो पूरा कर देती थी, उसके इस पैशन से उसे आई0आई0टी0 एग्जाम की तैयारी कराने की इच्छा और भी पुख्ता हो गई थी। नैनीताल से उसकी मैम ने उसकी पढ़ाई के साथ–साथ आउटिंग की भी सलाह दी,

इसलिए हम उसे कभी–कभी कोवलम सी–बीच पर, कभी त्रिवेंद्रम के जू, कभी त्रिवेंद्रम के फेमर मदर्स प्लाजा में सध्या (केरला का भोजन) खिलाने ले जाते रहते थे। कभी–कभी वो मेरे साथ इंस्टीट्यूट भी आती थी। पापा और मम्मी भी छुट्टियां एंजॉय कर रहे थे। उत्तराखण्ड में विंटर्स में, खासकर हल्द्वानी में गहरा कोहरा लगता है। ये वो कोहरा नहीं है, जिसमें हीरो–हीरोइन हाथ पकड़े गाना गाते हैं, ये एक कैमिकल है – स्मॉग इसमें अप्रत्याशित ठंड होती है, हड्डियों को काट डालने वाली ठंड। ईश्वर का आशीर्वाद था कि हम इस ठंड से बच रहे थे। 19 जनवरी को हम वापस आ गए। 24 फरवरी उसे नैनीताल छोड़ना था। वैसे तो हम पन्द्रह–बीस दिन जल्दी आ गए, कुछ मिसकैल्कुलेशन हो गई, पर टिकिट बुक हो चुके थे, पोस्टपॉन नहीं किया जा सकता था, तो एक माह तक हल्द्वानी में ही पढ़ाई का प्रोग्राम बनाया। वो दिनभर पुराने पेपर्स सॉल्व करती रहती थी। मैं लगातार छत के चक्कर लगाता रहता और उसको गाइड करने की, ऊर्जावान बनाए रखने की कोशिश करता रहता। दसियों किलोमीटर, मेरे दिन में छत के चक्कर लगते रहते। पूरे माह की तैयारी में बहुत तनाव के पल भी आए। वो शायद मेरे इस अतिवादी स्वभाव के चलते थे। उसका रिग्रेट मुझे आज भी है, मगर उद्देश्य साफ था, नियत साफ थी, इच्छा पवित्र थी। एक माह गुजर गया। 24 फरवरी को हमने उसे स्कूल छोड़ दिया और 26 तारीख से उसकी पहली बड़ी परीक्षा – ''बोर्ड परीक्षा'' प्रारंभ हो गई।

प्रेशर टाइम - बोर्ड एग्जाम

परीक्षा के दौरान वो कितना पढ़ रही है, ये मुझे मिस प्रयास से पता चलता रहता था। एस0एस0टी के एग्जाम के पहले मिस प्रयास ने बताया था कि वो कांप रही थी, डर से नहीं, रात भर न सो पाने से। मैं थोड़ा आशंकित हो गया था, पर ईश्वर पर भरोसा अटूट था। मैंने ईश्वर की योजनाओं को महसूस किया था। वो निर्विवाद रूप से परफेक्ट थीं। मैंने निश्चय कर लिया था कि उसे दो वर्ष तिरुअनंतपुरम में अपनी गाइडेंस में ही आई0आई0टी की कोचिंग दूंगा। कई

बार कोटा जाने का भी खयाल आया, कोटा के नामी कोचिंग के फॉर्म भी मैंने भरे, पर मन में झिझक बनी रही। 26 मार्च को बायोलॉजी का पेपर होने के बाद हम उसे लेने स्कूल गए थे और फिर हम जब घर आए तो हमारा प्लान और भी परफेक्ट हो गया। 8 अप्रैल को हमारी दिल्ली से त्रिवेंद्रम की फ्लाइट थी। वो एक नए जीवन की शुरुआत करने जा रही थी, जीवन के दो महत्वपूर्ण वर्षों के लिए सांस्कृतिक रूप से बिल्कुल अलग स्टेट में। बहुत सारे एप्रीहेशन थे, क्या पता था कि ये दो वर्ष उसके जीवन के बेहद खूबसूरत दो वर्षों में तब्दील होने जा रहे थे।

केरलः गाइड्स ऑन कन्ट्री

शुरुआत के दिनों में दुकान से सामान खरीदने में दिक्कत होती थी। मलयालम एक टफ लैंग्वेज है, हालांकि भारत की प्राचीन लैंग्वेजेज मेंएक है, पर हमारी पुरातन संस्कृति को सुशोभित करती है। साउथ की जितनी भी लैंग्वेजेज हैं – तमिल, मलयालम, कन्नड़, ये हमारी परम्पराएं हैं। इनका सम्मान किया जाना चाहिए। इन्हें सीखने की ललक होनी चाहिए, लेकिन इस वक्त हम किसी और मिशन

पर थे। शॉपकीपर टूटी–फूटी हिन्दी बोल लेता था, अभी पत्नी साथ थी लेकिन 24 दिनों बाद वो जाने वाली थी। मुझे उसके बाद खाने के इंतजाम के लिए एक बाई की जरूरत थी। दुबे जी की पत्नी ने बाई का इंतजाम भी किया था, उससे नगोशिएट मेरे इंस्टीट्यूट के साथी नवीन और टोनी ने किया था। वो मेरे इंटरप्रिटेटर थे। नवीन अगले दो नयनतारा तक मेरा हल्पिंग हैण्ड भी रहा। भाषा और कम्यूनिकेशन की दिक्कत दूर हो गई थी। लतीफा भी खाने की समस्या दूर करने आ गई थीं, बस अब इंतजार था कोचिंग में क्लास शुरू होने का और स्कूल में एडमिशन का। ये क्यूरिऑसिटी का समय था बच्चे के लिए, मेरे लिए बहुत बड़ा अवसर। मैं, जिसे उसके स्टूडेंट ने पिछले ढाई दशकों में जो मान–सम्मान दिया था, जिसे साथियों ने देश के उपलब्ध आई0आई0टी के बेहतरीन कोच की संज्ञा दी थी। प्रतिद्वंदियों के मैं हमेशा दिलों दिमाग में रहता था परेशानी बनकरे, वो पहली बार अपनी बेटी को पढ़ाएगा, ये एक सौभाग्य था। ये जो अवसर मुझे मिल रहा था, ये दो वर्ष विषमताओं की तरह, एक कोच की तरह और एक पेरेंट की तरह टेस्ट लेने वाले थे। मुझे इन कसौटियों पर खरा उतरना था। कई निगाहें मुझपर थीं। भारी दबाव था।

16 अप्रैल को शाम 5 बजे मैं क्लास लेने गया। अपनी बेटी के एकैडमिक सैशन का पहला क्लास, साठ बच्चे थे। 25 वर्षों में सैकड़ों बच्चे पढ़ाए, डेढ़–डेढ़ सौ बच्चों से भरे क्लासेस पढ़ाए; चार–चार, पांच–पांच घंटे के लम्बे क्लास पढ़ाए। इन सारी क्लासेस में पिन ड्रॉप साइलेंस हुआ, पर आज मैं नर्वस था। ये शायद ऐसा था, जैसे कोई डॉक्टर अपने ही बच्चे को ऑपरेट करने जा रहा हो। क्लास हुई,

अपनी क्लास से मैं बहुत हैप्पी नहीं था, पर एक नई तरह की फीलिंग थी। दो दिन बाद हम उसका एडमिशन कराने विश्वप्रकाश सेंटर स्कूल गए थे। वो एक क्रिश्चियन स्कूल था। फादर से भी मिले, बड़ी गर्मजोशी से उन्होंने वैलकम किया। ये एक छोटा स्कूल था। पर चूँकि हमारी कोचिंग उससे एसोसिएट थी, इसलिए एडमिशन यहां कराया था। करार के मुताबिक वीक में दो दिन प्रैक्टिकल्स के लिए आना था, शेष पढ़ाई कोचिंग में ही होनी थी। हाफ इयरली और एनुअल एग्जाम स्कूल कैंपस में देने थे और यूनिट टेस्ट इंस्टीट्यूट के अंदर। एडमिशन हो गया। धीरे–धीरे बिटिया त्रिवेंद्रम में सेटल होने लगी, हिना और सांद्रा नाम की उसकी दो सहेलियां बन गईं। प्रैक्टिकल्स के दौरान जो भी प्रैक्टिकल्स मलयालम में एक्सप्लेन होते थे, ये दोनों उसे इंग्लिश में ट्रांसलेट कर देती थीं, ये बहुत बड़ी हेल्प थी। 24 दिन बाद वाइफ वापस लौट गई। असली परीक्षा अब थी। मुझे क्लासेस के लिए जाना था, बिटिया की टाइमिंगस कभी मैच करती, कभी नहीं। उसे अकेले रहना होता। पर उसने कभी कोई शिकायत नहीं की। समय चलने लगा। जीवन ढर्रे पर आ गया। 13 मई को त्रिवेंद्रम में तूफान आया था, गरज और बरस के साथा बारिश होने लगी, बत्ती गुल हो गई थी। बिटिया ने कहा, ''पापा, आज मैं फ्राइड राइस बनाती हूँ''। उसने ही बनाया, बेहद टेस्टी था, वो धीरे–धीरे सीख रही थी। बारिश हल्की हो गई थी। हम सुबह के इंतजार में बिस्तर में पसर गए। इंतजार! हाँ, कल बिटिया के हाईस्कूल बोर्ड का रिजल्ट जो आने वाला था। सुबह से ही इंतजार शुरु हो गया। रिजल्ट ढाई बजे एनाउंस होना था। बिटिया ने रिजल्ट देखा, उसकी आँखों में आंसू थे, वो सुबक रही थी। इन पंद्रह सालों में शायद वो पहली बार रोई थी। मुझे

धक्का लगा, वो क्यों रोई थी। मैंने उसके नंबर देखे – 88, 99, 97, 95, 100. उसने ऑल सेंट्स कॉलेज में टॉप किया था। मैं आज तक नहीं समझ पाया कि वो रोई क्यों थी। इंस्टीट्यूट में समर वेकेशन करके हम हल्द्वानी आ गए थे। फिर तो पार्टीज और बधाईयाँ, स्कूल में सम्मान का दिन रहा। इस शानदार सफलता को एंजॉय करने के बाद हम वापस लौट गए और फिर पढ़ाई पूरे शबाब पर पहुँच गई।

बच्ची स्पार्क बैच में थी। वहां एक और बैच था – ''सुपर बैच''। इसमें वो स्टूडेंट भी थे जिनका टेंथ में सिलेबस पूरा हो गया था। वो अब ट्वैल्थ के साथ बैठते थे। जस्ट कम्बाइंड होते थे। शुरु के तीन टेस्ट में बिटिया हाईएस्ट आती थी, पर इन छः से पीछे रहती थी और मैं जानता था बिटिया की आदत के एकॉर्डिंग उसे ये मंजूर नहीं था। छुट्टियों में हम हल्द्वानी आए। वो अपने एक्सपीरिएन्स सबको बता रही थी, पर इस सुपर बैज के बच्चों से आगे न निकलने का मलाल झलक रहा था कभी–कभी। हम वापस लौटे और उसके बाद अगले डेढ़ बरस में वो सबसे आगे रही, फाइनल रिजल्ट में भी आगे। सब उसके आगे बौने हो गए थे। एकाग्रता, पेशेंस, कमिटमेंट और सबसे बढ़कर जिद, यही जिद उसका सबसे बढ़ा हथियार थी। यह हथियार उस समय उसे ये रिजल्ट दे रहा था। उन्हीं दिनों फिजिक्स के नए टीचर आए, उनका नाम था चैतन्य सागर सर। बिटिया का फोकस कैमिस्ट्री से हटकर फिजिक्स में शिफ्ट हो गया। ये टीचर की क्वालिटी होती है कि वो बच्चे में सब्जेक्ट के लिए इंट्रेस्ट पैदा कर दे। कुछ ही दिनों में बिटिया की सर के साथ फ्रीक्वेंसी मैच हो गई। वो रियली एक शानदार टीचर था, टीचर नहीं शायद मेंटर था। उसी ने मुझे बताया

कि बिटिया की फिजिक्स बहुत अच्छी है, फिजिक्स में वो टाप हन्ड्रेड को बिलॉग करती है ऑल इण्डिया रैंक। मेरा भी उत्साह बढ़ गया था, पर अभी संघर्ष बहुत लम्बा था। पर ये परिणाम मिलते रहें, तो सफर छोटा और आनंददायक लगता है।

पहला बरस बीतने को आया। सुबह साढ़े छः बजे मेड नाश्ता और दोपहर का लंच बनाकर जाती थी। हम 9 बजे नाश्ता करके जाते थे। बिटिया का टिफिन मैं रख लेता था, कभी सैंडविच, कभी आलू–शिमला मिर्च के पराठे, कभी वेज पुलाव। पूरे बरस शायद यही तीन आइटम लेकर वो गई, मगर उसने कभी मोनोटोनिसिटी की शिकायत नहीं की क्योंकि उसका फोकस, पढ़ाई का लक्ष्य सामने था, बाकी सारी चीजें तो सेकेन्ड्री थीं। शाम को हम पास के विवेकानंद पार्क तक टहलने जाते थे। वो कहती, ''चलो पापा, चलो, चक्कर लगा कर आते हैं''। मैंने देखा उससे उसकी एकग्राता और बढ़ती थी। कभी बाई नहीं आती थी, तो मैं खाना बनाता था। धीरे–धीरे मैं पनीर बटर मसाला, चिली पनीर, हाँडी पनीर का एक्सपर्ट बन गया। रोटी मुझसे नहीं बनती थी, वो बिटिया बना देती थी। एंटरटेनमेंट के नाम पर हम सी०आई०डी० सीरियल देखा करते थे या इंडियाज बेस्ट डांसर, इंडियन आइडियल। ये रियलिटी शो उसके फेवरेट थे। उसका कहना था कि पापा मुझे कॉम्पिटीशन देखना बहुत पसंद है। इलेवंथ के एनुअल एग्जाम 21 फरवरी को खत्म हो गए थे, 22 फरवरी को हम एक महीने के लिए हल्द्वानी जा रहे थे। 21 फरवरी को उसका जन्मदिन होता है। मैंने सोचा क्लास के सारे बच्चे मेरे बच्चे जैसे हैं, मैंने पास के होटल ''एम्ब्रोसिया'' में स्नैक्स पार्टी का आयोजन

किया। रात के दस बजे तक चली ये खूबसूरत पार्टी थी। केक काटने के बाद बिटिया बेहद खुश थी। अब ये शहर, ये भाषा, ये पहनावा अनजान नहीं रहा था, इसने हमें अपना लिया था। हमें ये अच्छा लगने लगा था। 22 फरवरी को पहले साल की मीठी यादों को साथ लिए और नई उम्मीदों को संजोए हम हल्द्वानी आ गए। त्रिवेंद्रम से दिल्ली प्लेन से और फिर दिल्ली से हल्द्वानी टैक्सी से। अगला एक माह बिटिया पढ़ती रही, घर में अपने अनुभव सुनाती रही। हंसते-खेलते अब वापस जाने का समय आ गया। अब ये वर्ष महत्वपूर्ण था, हम फ्रिक्वेंटली नहीं आ सकते थे। विदाई का समय तो रुआंसा कर देने का ही होता है। 29 मार्च हम त्रिवेंद्रम पहुँचे और शुरु हो गया महत्वपूर्ण वर्ष। केरल में इस माह वायरस ने भी बहुत तहलका मचाया था, बहुत माह डर-डरकर कटे थे, पर फिर वही, भरोसा ईश्वर का। हल्द्वानी में पापा की तबियत थोड़ी खराब थी, पूरा फोकस मेरा वहां चला गया था, पर ईश्वर की असीम अनुकम्पा से सब ठीक हो गया। सबके स्वास्थ्य, आर्थिक स्थिति उत्तम रहें। वो अपने आप में एक टॉनिक होता है, शायद इसे ही अपनत्व कहते हैं। सितम्बर-अक्टूबर में के0वी0पी0वाई0 ओलंपियाड की परीक्षाएं हुईं। जे0ई0ई0 मेन का फार्म भरा गया। शंखनाद हो गया था। घनघोर मेहनत के डिस्प्ले का समय आ गया था। एक नैचुरल स्ट्रेस मैंने बच्ची में महसूस किया, पर जोश के आगे वो स्ट्रेस फीका रहा। के0वी0पी0वाई0 में इंटरव्यू कॉल आने पर उसे और उसकी तैयारी को एक बूस्ट मिला। कैमिस्ट्री ओलंपियाड में पहले राउंड में निकल जाने पर एक और सफलता उसके नाम जुड़ गई। दिसंबर बिं एडमिड कार्ड आ गए। राजधानी कॉलेज एम्टींगल में हमारा एग्जाम था। सेंटर देखने हमलोग

9 दिसंबर को गए थे। पत्नी भी आई हुई थी, चाइल्ड केयर लीव लेकर। कोर्स कम्पलीट हो गया था। प्री—बोर्ड एक टर्म हो चुका था। अब अगले छः माह भयानक प्रेशर के थे। एक कैन्डिडेट की तरह उसके लिए और एक टीचर और एक पेरेंट की तरह मेरे लिए। डेंगू भी फैला हुआ था। इंस्टीट्यूट के दो बच्चों को भी हुआ था। मैं भी फ्रिज के पीछे लगी ट्रॉली से लगातार पानी साफ करता रहता था, ये आशंकित मन था। बोर्ड के प्रैक्टिकल्स की डेट भी आ गई थी। मेरे लिए एक—एक पल कितना स्ट्रेसफुल था, मैं बता नहीं सकता। कभी— कभी तो लगता कि इंसान को अकेले ही रहना चाहिए, फैमिली बनानी ही नहीं चाहिए। पर एक विश्वास मुझे स्टैबिलाइज कर देता था, ये वही रहस्मयी शक्ति थी! कौन थी? कहां थी? मैंने उस दिन आसमान की तरफ देखा – सफेद बादलों का झुंड चला जा रहा था। मुझे लगा ये बादल मुझे देखकर मुस्कुरा रहे हैं। मुझे इन बादलों में अपने दादाजी, अपनी बुआ की छवि दिखाई दी, बुआ की आवाज सुनाई दी। अपनी मृत्यु के एक दिन पहले उन्होंने कहा था – ''तुमपर कोई परेशानी नहीं आएगी''! मन भीग गया था, बादल ओझल हो गए और फिर जब आंख खुली तो नया सवेरा था, नया साल 2020। सात जनवरी के एग्जाम के लिए हम 6 को चले गए। वहां इंस्टीट्यूट के गेस्टहाउस में हमें जगह मिल गई थी। शाम को हम लोगों से मिलने निकले, जिनका उस दिन की शिफ्ट में एग्जाम था। रात कैन्टीन बन्द हो गई थी, हमें डिनर नहीं मिला। बिस्किट खाकर हमने रात गुजारी। महान सफलताओं के मार्ग में आने वाली ये छोटी—मोटी बाधा थी। अगले दिन एग्जाम अच्छा रहा। एग्जाम हमेशा अपेक्षाओं से कमतर ही होते हैं। लौटते हुए हमें एक फैमिली भी मिल गई थी, उन्होंने अपनी कार में

लिफ्ट दे दी थी। शाम हम वापस आ गए। अगले दस दिनों में जे0ई0ई0 की आंसर सीट आ गई। मैं बिटिया के परफार्ममेंस से गुस्सा भी हुआ, पर मेरे गुस्से के बावजूद वो शांत थी। मुझे ही बड़ी आत्मग्लानि हुई। रिजल्ट आया तो रिजल्ट में वो टॉपर थी, मेरी आत्मग्लानि और भी बढ़ गई पर बिटिया ने उसे कम किया। कल तक अपने नन्हे–मुन्ने पैरों से मुझे मारती, तुतलाती, पापा कहने की कोशिश करती बच्ची अचानक बड़ी और समझदार हो गई थी। जनवरी में ही हम अपने एक मित्र के साथ के0वी0पी0वाई0 का इंटरव्यू देने गए। आई0आई0एस0ई0आर0 त्रिवंद्रम में। बड़ी खूबसूरत यात्रा थी। बिटिया ने शानदार इंटरव्यू दिया था। जनवरी एण्ड में हम कैमिस्ट्री ओलंपियाड का सेकेण्ड राउंड देने कोचीन गए। हमारे मित्र, उनका बेटा भी साथ थे। ट्रेन का ये सफर बहुत ही खूबसूरत था और ये यात्रा हमेशा मैमोरी में रह गई। मैं और बिटिया प्लेन से वापस लौटे थे। एयरपोर्ट पर हर तैनात कर्मचारी मास्क पहने हुए था। क्या पता था कि दुनिया में बहुत बड़ी आफत आने वाली है। ये महामारी से पहले की फिजा थी, डरावनी और स्टन्ड कर देने वाली।

I.I.T. Exam पेशेन्स इज नीड ऑफ द आवर

फरवरी में मैंने उसे सजेशन दिया कि अब एक माह बोर्ड की तैयारी में फोकस करो। 27 फरवरी से परीक्षाएं प्रारंभ थी, पत्नी ने हमें 9 फरवरी को ज्वाइन किया, वो डेढ़ माह की सी0सी0एल0 लेकर आई थी। अचानक एक दिन बिटिया बोली, ''पापा एग्जाम के बाद वापस चलते हैं''। सबकुछ अच्छा चल रहा था। जे0ई0ई0 मेन अप्रैल माह का सेंटर त्रिवेंद्रम भरा जा चुका था। मैं समझ नहीं पाया। क्या पता

था कि हमें भावी लॉकडाउन से बचाने के लिए, लॉकडाउन के दौरान जरूरी चीजों की किल्लत से बचाने के लिए, ये ईश्वर की ही योजना थी जो बिटिया के माध्यम से प्रकट हो रही थी। ये उस वक्त पता नहीं चला, बाद में रियलाइज हुआ, जिसने हमेशा ईश्वर के द्वारा दिखाए गए मार्ग को समझने की कोशिश करनी चाही। एक हल्की आवाज हमेशा उठती है, उसे सुनना कठिन है पर कोशिश करें तो संभव है। ये वॉइस एक गाइडेंस वॉइस होती है। परीक्षा–सेंटर देखने हम गए थे दो दिन पहले, एग्जाम के दिन सुबह आठ बजे हम तीनों ऑटो से निकल जाते थे। स्कूल के कैम्पस में बच्चे डिस्कस किया करते थे। दोपहर में मैं उसे लेने जाता था, फिर अगले एग्जाम की तैयारी, बच्चे को ऊर्जावान बनाए रखना, हेल्थ का ध्यान रखना, खाने का ध्यान रखना, यही पेरेंट्स का रोल होता है, ये हम करने की पूरी कोशिश कर रहे थे। 17 मार्च को लास्ट एग्जाम के बाद कोरोना वाइरस फैलने लगा। सी0बी0एस0सी0 ने बची परीक्षा स्थगित कर दी। बेटी के विषयों की परीक्षाएं पूरी हो चुकी थीं। हमने भी वापस लौटने का मन बना लिया था। सामान नहीं लाया जा सकता था। हमने जरूरी किताबें और सामान साथ में लिया। शेष सब वहीं छोड़कर, डरे–चिंतित हम वापस आ गए। 21 मार्च को किचन का सारा सामान हम वहीं छोड़ आए थे। 22 मार्च से पूरे देश में लॉकडाउन लग गया। परीक्षाएं पोस्टपॉन हो गईं। नए डेट्स का बच्चे इंतजार करने लगे। बिटिया ने बड़े जोश के साथ हल्द्वानी में पढ़ाई जमा ली थी। इसमें उसके चैतन्य सर ने ऑनलाइन क्लास लेकर बहुत हेल्प की। बेस्ट टीचर का मोटिवेशन बच्चे को लाइव रखता है, ये मैंने प्रत्यक्ष देखा। पहले जुलाई की डेट, फिर सितंबर की डेट मिली। बच्चे आशंकित थे कि क्या होगा एग्जाम का। पर

गवर्नमेंट ने बच्चों का भविष्य सुरक्षित रखने का यथाशक्ति प्रयास किया। ये सौभाग्य ही है कि देश में एक संवेदनशील सरकार है, वर्ना विपक्ष ने तो कोई कसर नहीं छोड़ी थी स्टूडेंट के फ्यूचर को और उनके सेशन को बर्बाद करने की। 2 सितंबर को जे0ई0ई0 मेन की परीक्षा थी। बिटिया का सेंटर पास में ही था, उसने अपनी मौसी को, जो उसकी काकी भी थी, देहरादून से बुलवा लिया था। वो उसके साथ ही एग्जाम देने गई। शानदार पेपर किया। मास्क, ग्लब्ज, सैनिटाइज़र, दुनिया बिल्कुल बदल गई थी। बड़ी मुश्किल हालातों में देशभर में परीक्षा हुई लेकिन परीक्षा आयोजित कराने वाली संस्था ने बेहतरीन कार्य किया। कोई भी छात्र सक्रमित नहीं हुआ। अब चौबीस दिन बाद आई0आई0टी0 एडवांस की परीक्षा थी। बिटिया रात-रातभर अपने वीक प्वाइंट्स को परफेक्ट करने में लगी थी। संघर्ष लम्बा हो गया था। जो एग्जाम मई में हाने वाला था, वो सितंबर में हो रहा था। अगर बिटिया का वर्जन आपको बताऊं तो उसका कहना था कि ''पापा, अगर मई में होता, तो इतना नहीं आता था मुझे, मुझे तो पोस्टपॉन होने का लाभ मिला है''। ये जोश ही था जिसने लॉकडाउन के उबाऊ समय में भी उसे क्विट नहीं करने दिया। एग्जाम पीछे होता गया। उसका जुनून कम नहीं हुआ। कुछ कमजोर पल भी आए, पर उसने डटकर सामना किया। 27 सितंबर का दिन आ गया। वो प्रेशर में थी, बहुत गुस्से में थी। बहुत कठिन होता है बड़े एग्जाम की तैयारी करना। पेरेंट्स और बच्चे, दोनों को निचोड़ कर रख देता है। मैं दो वर्षों से इस जद्दोजहद का हिस्सा था। ऐन वक्त पर नियंत्रण बनाए रखना मेरी जिम्मेदारी थी। पेपर कठिन था, कुछ सवाल छूट गए थे। बिटिया की आँखों से आँसू की धारा बह रही थी। गमगीन

माहौल था। बहुत कठिन रात गई, पर मुझे उजली सुबह की आशा थी। आखिर ये मेरे कोचिंग की, पेरेंटिंग की, सब्र की, विश्वास की परीक्षा थी। बहुत बेचैनी थी। मैं अपने जीवन में इतना विचलित कभी नहीं हुआ था। बिटिया को भी शायद मेरी अपेक्षाओं का तनाव था, मैंने उसे हमेशा स्ट्रेस-फ्री रखा, पर मैं चेहरे के भाव नहीं छुपा पाता था। शायद मेरी आँखों में उसे अपेक्षाएं दिखती थीं। हालांकि कला के क्षेत्र में जाना एक चाइल्डहुड ड्रीम था मेरा और शायद अभिनय के सामान्य दिखने वाले इस अभिनय को जब सबसे ज्यादा जरूरत थी, मैं फेल हो गया था। रिजल्ट अब 5 अक्टूबर को आना था। रोज हम बेहद डिस्कशन कर रहे थे। वो बोली, ''पापा मैं दोबारा तैयारी करूंगी, अगर मेरी रैंक 5000 या उससे ऊपर गई''। बड़ी बहस हुई उस दिन। वो बोली थी, ''पापा, आपने क्या किया है? दिनभर तो आप लेटे रहते हो, क्या आप आई0आई0टी गए?'' बात पीड़ादायक थी, मन तो कह रहा था कि कहूँ – बेटा, राजकुमारियों की तरह मैंने परवरिश की है आपकी... विशाल घर, शानदार स्कूल में पढ़ाई, दुनिया की सैर, ये सब लेटे रहने और कुछ न करने से नहीं आता। पर मैं जानता था कि इस वक्त वो गुस्से में है। मुझे विश्वास था, वो टॉप स्कोरर होगी। इसी विश्वास ने मुझे रिलैक्स किया। आँखों-आँखों में रात घर कर गई और सुबह रिजल्ट देखने बैठ गई, मैंने उससे कहा – बेटा, शानदार रैंक आने पर आज ढोल बजवाऊंगा गेट पर। रिजल्ट आया, हमारे गली-गांव के इतिहास की पहली लड़की, जो आई0आई0टी0 जैसे प्रतिष्ठित एग्जाम में सिलेक्ट हुई। ऑल सेन्ट्स कॉलेज, नैनीताल स्कूल के 150 वर्षों के इतिहास में पहली लड़की जो आई0आई0टी0 में निकली, 24 वर्षों बाद अल्मोड़ा की कोई लड़की आई0आई0टी0 में निकली, 20 वर्षों बाद हल्द्वानी से

कोई लड़की इतनी अच्छी रैंक में आई। ढोल बजने लगे, नाच–गाना हो गया। वही सफेद बादलों का झुंड फिर मुझे दिखा, मैंने ऊपर देखा – उस अलौकिक शक्ति के सम्मान में आँखें बंद हुईं, एक तेज प्रकाश था, अदभुत, अनूठा। मोबाईल फोन लगातार बजता रहा था, मैं पास हो गया था। बड़ी कठिन परीक्षा दी थी मैंने – मेरी परवरिश, मेरे अनुभव, मेरी कोचिंग पर अब कोई सवाल नहीं था। मेरी बेटी मेरा गौरव थी। एक ही संतान होगी, लड़की होगी तो उसे ऐसा बना दूंगा कि लड़के ईर्ष्या करेंगे, ये सोच पूरी हो गई थी। पर इसमें बहुत लोग साथ भी थे – माँ–बाप, भाई–बहन, दोस्त, बहुएं, बड़े–बूढ़ों का आशीर्वाद और वो हमेशा मुस्कुराता विश्वास और मेरे ईश्वर। कहाँ हैं वो? कौन हैं वो? जवाब आज मिल गया था – यहीं हैं और मेरे हैं वो। अगले पन्द्रह दिन हम अपने गांव गए, ईश्वर को धन्यवाद देने मंदिर गए। ये अदभुत था, अलौकिक था, बेटियां आपका गर्व होती हैं, आपकी धड़कन। मैंने अपने बेडरूम में बच्ची के पोस्टर पर अपनी लिखी कविता को जोर–जोर से पढ़ना शुरु किया –

परी का घर में आ जाना जैसे सबकुछ पा जाना। खिलती धूप–सी हंसी उसकी, जाती बारिश का सा गुस्सा। बोले तो वीणा की झंकार, खेले तो कोई चपल नहीं कोई उससा। कहती जब पापा वो, फूल हजारों खिल जाते। दिल में उठती मृदुल तरंग, दिये हजारों जल जाते। मैं दिल हूँ वो धड़कन है, उससे ही तो ये जीवन है। पिता बनकर अगर मुझे, फिर जनम हो लेना, हे दाता! तू मुझको बस ये बेटी ही देना, ये बेटी ही देना.......... लास्ट लाइन आते–आते मैं फूट–फूटकर रो दिया। मुझे मेरे दादाजी, मेरे बुआ जी बहुत याद आ रहे थे, कब शाम हुई, कब रात, पता ही नहीं चला। जब मेरी तन्द्रा टूटी तो बिटिया सो रही थी, एक सुकून उसके चेहरे

पर नजर आया। मेरी आँखों में आंसू की बूंद टपकने को हुई, उसे मैंने उंगली पर लिया और तेजी से कमरे से निकल गया। आसमान में तारे झिलमिला रहे थे और तीन तारे कुछ ज्यादा ही चमकीले हो गए थे आज, ये शायद मेरे दादाजी, मेरी बुआ जी और मेरे ताऊजी थे। अरुण को पता नहीं क्या हुआ, मुझसे लिपट फूट–फूटकर रो दिया। उसके बच्चे हैरान रह गए, उन्होंने कभी भी अपने पापा को इतना इमोशनल नहीं देखा था। संयत होने के बाद वो बोला, ''सॉरी यार, बच्ची की सक्सेस–स्टोरी दिल में उतर गई''। हमने खाना खाया, फिर कस्टर्ड लेकर हम साथ बैठ गए। मैंने उससे पूछा था, ''अल्मोड़ा से जाने के बाद जीवन कैसा रहा?'' बताया था उसने, वो इंजीनियरिंग के लिए पैशिनेट था, तीसरे प्रयास में वो निकला था और एमएलएनआर, प्रयागराज जिसे अब एन0आई0टी0, प्रयागराज कहते हैं, में चार साल मैकेनिकल इंजीनियरिंग की पढ़ाई की, फिर शादी की और सीमेंट फैक्ट्री में 17 साल जॉब करने के बाद मुंबई ट्रांसफर हो गया। इस दौरान शादी हुई, बच्चे हुए। 2007 में मुंबई आया, फिर ऐसा रमा कि उसे छोड़ने का मन ही नहीं हुआ। तब से यहीं है। उसका जीवन कॉरपोरेट में ढल चुके व्यक्ति का जीवन था। उसकी बातों से मुझे लगा कि वो जीवन में रोमांच की उम्मीद में था, उसे अल्मोड़ा की फिजाएं फिर से बुला रहीं थीं। उसकी पत्नी ने बताया कि वो पिछले 25 वर्षों से हमेशा ही अल्मोड़ा, वहां के दोस्त, बस यही जिक्र करता रहता है। शादी के बाद उन्होंने मुझे आपको ढूंढने का टास्क दिया था, अब आज आप मिले हो.......................... बिस्किट की एक बाइट लेकर उसने पूछा, ''अंकल! आप एक फ्रेंड का बहुत जिक्र करते हैं, मोहित अंकल का, वो कहां हैं? बात करवाइये ना!'' मैंने मोहित को फोन लगाया। अपनी गालियों

से उसने वेलकम बोला। सिचुएशन समझाने के बाद ही मैंने स्पीकर ऑन किया था क्योंकि यारों के साथ बात करते हुए उसकी जुबान बहुत ही मीठी होती थी।

डॉक्टर - गॉड ऑफ लव:
मेडिकल कॉलेज, लव स्टोरी

मैंने अरूण की बेटी को मोहित के बारे में बताना शुरू किया। मोहित को कानपुर मेडिकल कॉलेज में टैगौर भवन हॉस्टल मिला था। ये बात मुझे उसके पहले लेटर से पता चली थी। उसका ये लेटर, मेडिकल कॉलेज की हाईफाई रैगिंग और मेडिकल कॉलेज में रैगिंग के दौरान छात्रों और

छात्राओं द्वारा ली गई ओथ–लेटर से भरा पड़ा था। मैं उस ओथ– लेटर को यहां पर पब्लिश नहीं कर सकता क्योंकि वो इतना गंदा और अश्लील है कि आप शर्मा जाएंगे। लेकिन मेडिकल कॉलेज में सारे छात्र हाथ सीधे करके वो शपथ लेते हैं और लड़कियां भी लेती हैं। ये बहुत आश्चर्यजनक है लेकिन उसके पीछे का तर्क वो ये देते हैं कि इससे आदमी खुल जाता है। भाईसाहब, कमाल का खुलना है ये। इस लैटर के बाद मोहित के कई और लेटर आए। धीरे–धीरे वो रम गया था। तीन महीने की रैगिंग के बाद जब कॉलेज में सब रूटीन में आ गया तो हॉस्टल से निकलना ईजी हो गया था। ऐसी ही एक नर्म दोपहर थी। दिसंबर की शुरुआत थी। इन दिनों मौसम बड़ा खुशगवार था, न बहुत गर्मी, न बहुत ठंड, पतला सा ऊनी स्वेटर पर्याप्त था। आसमान पूरा नीला दिखता, तो कभी–कभी दो सफेद बादल आ जाते, जैसे सीनियर डॉक्टर राउंड पर हों और शाम ढलते–ढलते वो डूबते सूरज की लालिमा से दहक उठते। हवा चलती तो जैसे भावनाओं के तूफान उमड़ पड़ते। शादियों के सीजन का आखिरी हफ्ता था तो जैसे बारातों की बाढ़–सी आ गई थी। कहीं दूर फोक सॉन्ग बजते तो मन रूमानी हो जाता था। ऐसी ही मस्त दोपहर में करीब दो बजे मेस में लंच करके हॉस्टल से मेन गेट की तरफ को चल पड़ा। अचानक सामने से आती लड़की ने उसका ध्यान खींचा। जींस और उसके ऊपर झक लाल रंग का ओवर कोट और सिर पर लाल कैप। मोहित ठिठक गया। उसे ध्यान नहीं आया कि इतनी आकर्षक लड़की इससे पहले उसने किस दिन ख्वाब में देखी थी। इससे पहले कुछ और सोचता, मिश्री–सी मीठी आवाज ने कहा, ''सर, कैन यू हेल्प मी?'' हमारा यार बाई बर्थ हेल्पफुल था और हसीनाओं की हेल्प में तो 24x7। एक बार

उसे एक हसीना पसंद आ गई थी और पता चला कि पेन्टिंग की शौकीन है, बंदे ने शहर में पेन्टिंग कॉम्पिटीशन आर्गनाइज करके उसे फर्स्ट प्राइज दिलवा दिया था। ''येस! वाई नॉट! बोलिए...'', मोहित का जवाब था। ''जी, मैं थर्ड काउंसलिंग से आई हूँ। सरोजिनी भवन कहां है, बताएंगे?'' ''जी, जरूर!'' बोला था मोहित और उसके साथ हो लिया। वो बेहद ही सुंदर लड़की थी। मोहित तिरछी नजर से उसे देख लेता था। उसके बाल जो उसके चेहरे पर आ जा रहे थे, मोहित चाह रहा था कि उन्हें हाथ से हटाकर कान के पीछे कर दे। आग सुलगने लगी थी, मेडिकल कॉलेज में एक लव स्टोरी शुरु होने वाली थी, पर ये आग अभी एकतरफा थी। मोहित ने पूछा, ''आप इतनी लेट आई हैं, काफी सिलेबस फर्स्ट प्रॉब का हो गया है, आपको थोड़ी दिक्कत आएगी''। उसने पहली बार गौर से मोहित को देखा, उसकी आँखें देखकर मोहित झनझना उठा। वह बोली, ''आप भी फर्स्ट प्रॉब हैं?'' ''जी हाँ, मैं मोहित पंत... अल्मोड़ा से! और आप?'' ''जी, मेरा नाम अस्मिता झा है... झांसी से! मैं रूममेट से हेल्प ले लूंगी'', ऐसा वो बोली। ''जी हाँ, जरूर! मेरे लायक कोई मदद हो, तो बताइएगा''। ''जी, जरूर... थैंक्स!'' कहकर वो अपने हॉस्टल तक पहुँची। ''ओके, बाय!'' मोहित ने भी भारी मन से बाय बोला और वापस हो लिया। मोहित ने पलटकर देखा, वो हॉस्टल के अंदर दाखिल हो रही थी। मोहित ने सोचा कि पलटकर देखेगी, पर उसने नहीं देखा क्योंकि न तो वो फिल्म थी और न मोहित शाहरूख खान था। मोहित रूम में आया लेकिन अस्मिता को भुला नहीं पाया। वो एक मुलाकात, मोहित जो एक बार धोखा खा चुका था आज फिर अपने अनकंट्रोल्ड दिल के आगे मजबूर फील कर रहा था, रात आँखों–आँखों में छा गई। अगली सुबह से

दो दिन तक बहुत बिजी रहा। सिलेबस में पीछे चल रहा था, उसी में खुद को डुबा लिया। मेडिकल कॉलेज में जलसा होने वाला था, ऑर्गनाइजर हमारा यार मोहित ही था। उसने उन स्टूडेंट्स के नामों पर नजर डाली जिन्होंने परफॉरमेंस देने के लिए एनरॉल कराया था, अस्मिता ने वोकल में अपना नाम लिखाया था। ये नाम पहले ही पेट के नज़दीक से हूक की तरह उठा, गूज बम्स से होने लगे। उसे शॉर्टलिस्ट तो करना ही था अस्मिता को, लिस्ट बन गई। सब जलसे की तैयारी में लग गए, एनाउंसमेंट का काम मोहित ने संभाला। ये 26 फरवरी का दिन था। कानपुर से कोहरा जा चुका था। बेहद दिलकश और हसीन मौसम था। इन दिनों कैंपस में लगा केले का इकलौता पेड़ बहुत ही दिलकश लगता था। कल मेडिकल कॉलेज में जलसा होने वाला था। मोहित को ये केले का पेड़ बहुत ही अच्छा लगता था। अक्सर इसके पास खड़ा होकर वो घंटों इसको देखता रहता था। शायद द्वंद्व, एकाकीपन की फीलिंग दूर हो जाती थी इसके सामने, आज भी वो वहीं खड़ा था। उसे पता भी नहीं चला कि कोई वहां आकर खड़ा हो गया था। ''गुड मॉर्निंग'' की आवाज के साथ वो चौंका, बगल में अस्मिता को देखकर मानो उसका खून जम गया। बहुत तेज धड़का था उसका दिल, एड्रिनिलिन का फ्लो था ये। गुड मॉर्निंग कहने के बाद प्रोग्राम को लेकर बातचीत शुरु हुई। बात करते–करते वो हॉस्टल के पास आ गए थे। मोहित ने बाय कहा, और वो मुड़ गया। जो लोग मोहित को जानते हैं उन्हें पता है कि उसकी बातचीत में इनफॉर्मल हो जाने की अदा पर कोई भी मर सकता था। पता नहीं मोहित को क्या सूझा, वो पीछे मुड़ा, आज अस्मिता उसे जाते हुए देख रही थी। मोहित यूँ मुड़ेगा उसे उम्मीद नहीं थी। वो घबरा गई। घबराहट में

उसने वेव कर दिया। प्यार की लालटेन जलने लगी थी, बस अब लौ भड़कनी बाकी थी। उसके इस लालटेन में फ्यूल डालना था और फ्यूल की पूरी तैयारी हो चुकी थी। 27 फरवरी को ठीक शाम पाँच बजे मेडिकल कॉलेज के प्रिंसिपिल ने मुख्य अतिथि हेल्थ मिनिस्टर को पुष्पगुच्छ भेंट किया और फंक्शन शुरु हो गया। मोहित की एंकरिंग लाजवाब थी, अगला परफार्ममेंस अस्मिता का था। मोहित माइक लेकर स्टेज में उस जगह खड़ा हो गया जहां से वो अस्मिता को सीधा देख सकता था। ''आप कहें और हम न आएं, ऐसे तो हालात नहीं'' ये गाना उसने सुनाया। मोहित एकटक उसे देखे जा रहा था। एक दो बार उसने भी मोहित को देखा था। आँखें मिलते ही एक मीठी मुस्कान उसके चेहरे पर आई थी जिसे सिर्फ एक प्रेमी ही पहचान सकता था। क्या गाया था उसने। उस शाम मेडिकल कॉलेज में उसके कई प्रेमी पैदा हो गए थे और मोहित को टफ कॉम्पिटीशन मिलने वाला था। मामले की गंभीरता को देखते हुए मोहित ने बिना देर किए लाल गुलाबों का एक बुके एक लेटर के साथ उसे उसकी एक सहेली के हाथ भिजवा दिया था। उसमें उसने लिखा था, ''आपकी तरह ही आपका परफार्मेंस दिल में उतर गया, ये लिखना शायद जल्दबाजी होगी पर हिम्मत कर रहा हूँ – मोहित पंत''। कहीं से कोई जवाब नहीं आया। सप्ताह गुजर गया, मुलाकात भी नहीं हो पाई। फर्स्ट प्राब के बाद वेकेशन होने वाली थी। एग्जाम के दौरान अपनी शक्ल याद नहीं रहती, दूसरे की कहां याद रहेगी, आज लास्ट एग्जाम था। एग्जाम के बाद सारे लौंडों ने दो–दो पैग खींचे थे। एग्जाम के बाद रिलैक्स होने के लिए कुछ जुआ खेल रहे थे, कुछ पॉर्न में बिजी थे। मोहित, गर्ल्स हॉस्टल के बाहर सड़क के इस ओर खड़ा था। गर्ल्स

हॉस्टल से भी शोर– ठहाकों की आवाज आ रही थी, रौनक छाई हुई थी। मोहित सारी रात गर्ल्स हॉस्टल के उस रूम की खिड़की की तरफ देखता हुआ पीता रहा था। सुबह बेंच पर जब आँख खुली तो ग्यारह बजे थे। सभी स्टूडेंट घरों को जाने के लिए निकल रहे थे। मोहित की बस शाम की थी, वो फटाफट फ्रेश होने भागा, हैंगओवर था, शरीर निढाल हो रहा था। हॉस्टल के गेट पर पहुँचा ही था कि गार्ड ने उसे एक पैकेट दिया, बोला कि गर्ल्स हॉस्टल से आया है। कांपते हाथों से उसने खोला, वो एक लाल मफलर था, साथ में एक कागज था, उसमें जो लिखा था उसके होश उड़ाने के लिए काफी था। शाम पाँच बजे मोहित बस में बैठा, पर ये बस अब अल्मोड़ा नहीं, झांसी जा रही थी। हम अल्मोड़ा में मोहित के आने का इंतजार कर रहे थे और वो बीएसडीका झांसी जा रहा था। उन दिनों काले वाले, घुमाकरे डायल करने वाले फोन आ गए थे। फोन से पता चला कि उस कागज में लिखा था कि ''थैंक्स, मैं आपकी हिम्मत को मानती हूँ। थोड़ी और हिम्मत दिखाइए, छुट्टियां मेरे साथ बिताइए''। अब ये पढ़कर तो कोई भी सात समंदर पार चला जाए, स्वर्ग कहे तो स्वर्ग, पाकिस्तान कहे तो पाकिस्तान चला जाए, ये तो झांसी की ही बात थी। दो महीने के वेकेशन में डेढ़ महीना बंदा हॉस्टल का बिल भरता रहा था। गिफ्ट पर गिफ्ट, मुलाकातें, बेचैनियां। उफ, ये सपने! उफ, ये मुहब्बत! हमें ईर्ष्या होने लगी थी मोहित से, हम जो कल्पनाओं में जीते थे, मोहित हकीकत में जीता था। हमेशा हम ये सोचते रहे थे कि ट्रेन में सामने वाली बर्थ पर कोई हसीना बैठेगी, या तो कोई खड़ूस बैठा मिलता या कोई बकचोद। तब हमारी रूमानी कल्पनाएं बस कल्पनाएं थीं, पर यार की लव स्टोरी में हम भी जी लेते थे। मोहित की जगह हम होते थे, अस्मिता की

जगह वो, जिसे हम छत की मुंडेर से ताका करते थे। पर यार खुश था, हम खुश थे। पन्द्रह दिन के बाद उसकी वेकेशन पूरी हुई, वो चला गया। हम नई घटनाओं के इंतजार में रहते। देखते-देखते तीन बरस बीत गए। जोड़ी कानपुर मेडिकल कॉलज की हिट जोड़ी थी, चांदनी और चकोर की जोड़ी। शादी की बातें होने लगीं। इन सालों में हमारी भी बहुत बार अस्मिता से बातें हुईं। एक रात अस्मिता का फोन मेरे पास आया, वो फूट-फूटकरे रो रही थी, ये रोना ब्रेकअप का रोना था, ब्रेकअप खुद अस्मिता ने किया था। क्यों? अस्मिता ने बताया पर मैंने उसे हृदय की गहरी परतों में छुपा लिया और कभी उसका जिक्र नहीं किया, आज भी नहीं करूंगा। ये कहकर मैंने अपनी बात पूरी की।

अंधेरा हो गया था, अरुण के बेटे ने कमरे की बत्ती जला दी थी। ''चल मनोज, एक चक्कर पास के मॉल में लगाकर आते हैं'' बोला था अरुण। हम उठे और चल दिए। मॉल में हमने पहले कॉर्न खाए थे, मैक्सिकन मसाला डालकर। नाम तो मैक्सिकन मसाला रखा था वेंडर ने, पर कॉर्न में उसने एम0डी0एच0 का चाट मसाला डाला था। लौटते हुए अरुण ने पूछा था – ''तो यार, क्या मोहित की शादी हुई?'' तू क्या सोच रहा था, मुझे पता था – मैंने बोला। पास आउट होने के बाद आगे पढ़ने का उसका मूड नहीं था, उसे फाइनैंशियली स्ट्रॉग होना था। उसने विश्वविद्यालय में मेडिकल ऑफिसर की जॉब ज्वाइन कर ली। उन दिनों मैं भी अल्मोड़ा छोड़ चुका था और हल्द्वानी में था। गिरीश भी हल्द्वानी में बैंकर था। मोहित के पास हम शनिवार की रात चले जाते थे, फिर लम्बी महफिलें लगती थीं। एक बार हम जून में उसके जन्मदिन पर गए थे।

मोहित, मेरे और गिरीश के अलावा 13 मेहमानों में दो मेल थे बस। मोहित का आकर्षण अनकंट्रोल्ड था, ये तो हमें पता था, चौंके तो हम तब थे जब उसी साल सितंबर के महीन में हम सडनली वहां पहुँचे तो भी मोहित का जन्मदिन मनाया जा रहा था, पर मेहमान सब नए थे। कमोवेश रेशियो भी वही था। मोहित पर अतीत का कोई असर नहीं था। एक लड़की सर्विस को कंट्रोल कर रही थी। हम समझ गए थे गुब्बारे में हवा भर चुकी थी और वो टेक ऑफ के लिए फिर तैयार था। हमारी दुआ यही थी कि अबकी गुब्बारा पिचके नहीं पर गुब्बारा बता रहा था कि गुब्बारा ओवरफिल्ड था।

दो साल की कोर्टशिप के बाद मोहित ने तकरीबन आधे उम्र की उस लड़की से विवाह कर लिया और अल्मोड़ा के एक प्राइवेट अस्पताल को ज्वाइन करके शहर के कोलाहल से दूर सेटल हो गया। हमलोग भी अपनी अपनी जिन्दगियों में व्यस्त हो गए। कभी मिलते तो मैं और गिरीश ही मिल पाते थे। फिर गुजरे जमाने की चर्चाएं और शामें होतीं। एक बार दिनभर के लिए मैं अल्मोड़ा गया। मोहित और हर्ष दोनों ने फोन पर मिलने के लिए असमर्थता दिखाई, तो मैंने भी शाम को ही लौटने का प्रोग्राम बनाया। बैंक में अपना काम निपटाकर मैं मार्केट चला गया। कला केन्द्र एक नुक्कड़ नाटक कर रहा था और मेरा ही लिखा हुआ नाटक था। सूत्रधार मेरी ही लिखी हुई कविता जोर–जोर से पढ़ रहा था—

"बाल मिठाई की भीनी खुशबू, पटालों का अल्मोड़ा शहर, दशहरे में जिन्दा पुतले, भाई सलीम की कला का असर। वटवाणी चुटकाणी का स्वाद निराला, बंसल की मशहूर चाय का प्याला। हुक्का क्लब की होली निराली, ब्राइट एण्ड से

दिखती सनसेट की लाली। स्टेडियम में चलता बच्चों का खेला, नंदा देवी का वो मशहूर मेला। लाला बाजार में शाम की रौनक, चितई में गोलज्यू की प्रतिमा मोहक। हर मोहल्ले में पानी के ढेरों नाले, बावन सीढ़ी में चलना हौले-हौले। तीज-त्यौहारों में बजता ढोलक हुड़का, नाचें चाचरी न्यूरी और झोड़ा। आओ मिलकर गाएं गीत, अल्मोड़ा से हम सबको प्रीत।"

मैंने मन ही मन बड़ा गर्व-सा फील किया और बिना खुद को एक्सपोज किये वहां से कचहरी की ओर मुड़ गया। तभी मुझे एक पहचानी-सी शक्ल दिखी, एक फ्रेश लाइट सी चमकी, ये वही लड़की थी जिसकी मासूमियत पर पन्द्रह साल पहले हमारा यार फिदा हो गया था। तब वो इलेवंथ क्लास में रही होगी। यार ने पेन्टिंग कॉम्पिटीशन आर्गनाइज किया था। इस लड़की को फर्स्ट प्राइज देने को वो अड़ गया था। ये लड़की सेकेण्ड प्राइज जीत रही थी, पर हम सिद्धांतवादी जज थे। मैंने कहा, "ये नहीं हो सकता"। बात विवाद तक पहुंच गई थी, तो एक रास्ता सूझा। संयुक्त रूप से प्रथम स्थान के लिए मैं तैयार हो गया क्योंकि उसमें उस लड़की की कला और मेहनत को कोई नुकसान नहीं हो रहा था, जो फर्स्ट आ रही थी। उसने मुझे देखकर नमस्ते कहा। उसका काला कोट देखकर मैंने अनुमान लगाया कि वो एडवोकेट बन गई है। फॉर्मल हैलो के बाद पता चला कि वो मेरे इस यार को डिफेन्ड कर रही थी, पत्नी से हिंसा के मामले में। ओ तेरे की! अब यहां रुकना और मोहित की इच्छा न होते हुए भी उससे मिलना जरूरी था। लक्षिता एक यंग और एनर्जी से भरपूर लड़की थी और इस ऐज में कुछ कर गुजरने का जज्बा होता है। दुनिया देखने और जीतने

की तमन्ना होती है। इसमें किस लड़की, वो भी जो तकनीकी शिक्षा ले चुकी हो, का मन किचन के कामों में लगेगा, घर–गृहस्थी में लगेगा। वो तो इश्क था जिसने उसे मजबूर कर दिया। इश्क एक ऐसा इन्द्रजाल, एक ऐसा वेब, जिसमें अच्छे–बुरे का होश खो देता है आदमी और जब ये वेब टूटा तो वो छटपटाने लगी। आए दिन बहसें होने लगीं, झगड़ा होने लगा, ऐसे ही एक दिन उसने अपने इनलॉज को अपशब्द कह दिये। मोहित को कंट्रोल करते–करते भी गुस्सा आ गया। बस छोटी–सी बात का बतंगड़ बन गया। वह यौवन के जोश में थाने जा पहुंची और वहां से कोर्ट। मोहित से बात करते हुए मुझे एक ही गलती नजर आई, शादी की जल्दबाजी, वर्ना उसकी फॉल्ट नहीं थी। शहर से बहुत दूर एक बियावान जंगल में रहता था, चारों तरफ घना जंगल था चीड़ का। उतरकर नीचे एक दरिया बहती थी। ये लैंड उसे कैसे मिली, ये जानना मैंने जरूरी नहीं समझा, पर जगह बेहद दिलकश थी। मोहित एक अस्पताल भी बना रहा था छोटा–सा, उसका कहना था कि यार, गांव वालों के पास इतने पैसे नहीं होते। छोटी–सी सर्जरी में शहर के अस्पतालों में लगने वाला पैसा बहुत होता है, जिसको वो दे सकें। उनकी मदद हो जाएगी। वो एक शानदार आदमी था, उसने मेडिकल कॉलेज की पढ़ाई के दौरान न जाने कितने ही लोगों की सेवा की थी। उसकी सोच प्योर थी, इसलिए भी शायद प्रकृति उसकी परीक्षा लेती रहती थी। मोहित, मैं, शैफ और एक कर्मचारी इस बियाबान जंगल में आज की रात थे। डिनर, जंगल के बीचोंबीच हमने किया। टॉपिक ज्यादातर लक्षिता का ही रहा। हमारी यूजुअल यारी वाली बातें हो नहीं पाईं।

करीब ग्यारह बजे का वक्त रहा होगा। अचानक एक पत्थर कहीं से आकर लगा टेबल पर, नींबू का पानी बिखर गया। एक शोर सा सुना, मशालें लिए कुछ लोग आते दिखे। मोहित शायद मामले की गंभीरता समझ गया, उसने फौरन मुझसे उठकर अंदर आने को कहा और ऑलमोस्ट मुझे खींचता हुआ अंदर ले गया। वहां से बेडरूम में जाकर जब वो बाहर गया, उसके हाथ में राइफल थी। उसने फौरन बाहर जाकर दरवाजा लॉक कर दिया। शोर बढ़ने लगा, मेरे पैर के तलवे में गुदगुदी और एन0एस0 में कुछ सूखता हुआ महसूस हो रहा था, मतलब मेरी फट रही थी। राइफल से गोली की आवाज गूंजी, फिल्मों के अलावा मैंने पहली बार गोली की आवाज सुनी थी। आठवीं क्लास में एन0सी0सी0 में मेरे पास और एक बार वैपन ट्रेनिंग के दौरान मैंने आवाज तो सुनी थी, पर ये आवाज फर्क थी, शायद फटी पड़ी थी इसलिए तेज सुनाई दी और डंडों, मशालों के साथ बारह—तेरह आदमियों के झुंड के साथ बंदा अकेले भिड़ गया था। कॉलेज लाइफ की मस्ती में चहकता आशिक मिजाज, जरूरतमंदों के लिए जान तक दे सकने वाला मेरा यार इस वक्त नए रूप में मेरे सामने था। थोड़ी देर में शोर कम हो गया। मोहित अंदर आया – ''भाग गए साले, चल सो जाते हैं''। वो नहाने घुसा, मैं बेड पर ही उसका इंतजार कर रहा था। वो आया और उसे ऐसी नींद आ गई जैसे कुछ हुआ ही न हो। मेरी आंखों से नींद गायब हो गई थी, बाहर जंगल में रात की खूबसूरती देखने की हिम्मत नहीं थी। मैं बाहर के रूम में आ गया, शेल्फ पर एक किताब रखी थी गज़लों की, पहली गज़ल पर मेरी नजर गई। आज की रात बहुत गर्म हवा चलती है।

सुबह मोहित ने बताया कि ''कोई जमीन से रिलेटेड मैटर है, तू टेंशन मत ले, मैं निपट लूंगा''। नाश्ता करके मोहित ने मुझे स्टेशन तक छोड़ दिया था, वहां से मैं वापस आ गया। उसके छ: माह बाद मेरी व्यस्तताएं बहुत बढ़ गई थीं, सभी यार अपनी–अपनी जिन्दगियों में मस्त हो गए थे, यदा–कदा फोन पर कभी बात हो जाया करती थी। दिसंबर माह में मोहित का कार्ड आया था शादी का, किसी मंदिर में होने वाली थी। किसके साथ? जिसने मोहित का केस लड़ा था, जिसे बरसों पहले मोहित ने पेन्टिंग का फर्स्ट प्राइज़ दिलवाया था। शायद लंबे संघर्ष के बाद प्रेम की हर मीठी–कड़वी दवा खाने के बाद अब मलहम लगा था। ये एक परफेक्ट मैच था। विवाह में हम जा नहीं पाए थे। हर्ष ने अटेन्ड की थी, वो ही हम सब दोस्तों का प्रतिनिधि था। इधर मोहित का प्रोफेशन ही ऐसा था कि उसे लगातार बिजी रहना पड़ता था।

और फिर एक दिन मोहित अपने एक फ्रेन्ड के साथ ड्यूटी करके अपनी बाइक पर अपने घर लौट रहा था। कोसी, एक जगह है जहां से वो मुड़ता था। आगे एक ट्रक जा रहा था, उसमें छत में काम आने वाले टिन लदे थे, मौसम खराब था, तेज हवाएं चलने लगी थी, घर से आठ सौ मीटर दूर थी बाइक। अचानक एक टिन हवा के वेग से उड़ता हआ आया और मोहित के पैर पर लगा। मोटरसाइकिल पलटी और खून की धार बह निकली। दोस्त बेहोश होने को हो गया। मोहित ने अपनी शर्ट अपने पैर में बांधी और दोस्त से कहा, ''जल्दी से बाइक घर की तरफ ले चल''। वहां गांव वालों की मदद के लिए बना मोहित का हॉस्पिटल था और वहां इस वक्त न तो कोई नर्स थी, न ही

कम्पाउंडर। मोहित अकेला था। उसने अपने कई दोस्तों को फोन किया पर शायद सब बिजी थे। कहीं सिग्नल नहीं मिला। कोई दूसरे शहर में था, किसी के घर में फोन पिक नहीं हुआ, बहुत खून बह चुका था। मोहित ने खुद को एक इंजेक्शन लगाया, फिर अपने पैर को सीधा कर खुद टांके लगाने शुरु किए। एनस्थीसिया ले नहीं सकता था। इस भयानक दर्द को इतना बहादुर इंसान ही झेल सकता था, पर वो मोहित था। जीवन की आग में, तपिश में खालिस सोना। स्थिति की गंभीरता को देखते हुए उसने अपनी जान बचाने की खुद कोशिश की थी। दोस्त जो साथ में था, वो नॉन मेडिको था। बस चीजें देने और पकड़ने में मदद कर सकता था। जीवटता, संघर्ष, हार न मानने के गुणों का ये चरम था। वो एक प्रेरणा था, विपरीत परिस्थितियों को काबू कर लेने की ये मिसाल इतिहास में कहीं दर्ज नहीं है, पर हमारे दिलों में है और सब इस नॉवल में है। विस्मयकारी, पर सत्य! जान बच गई, पर छ: माह तक रेस्ट करना पड़ा था। देर रात तक एक्सपर्ट डॉक्टर्स का जमघट लग गया था। सब मोहित के कायल थे। फैन तो वो थे ही, आज दिवाने हो गए थे और उसके चेहरे पर वही चिरपरिचित मुस्कान, जैसे कुछ हुआ ही न हो।

अब मोहित की जिन्दगी व्यस्त, पर संतुलित थी। ये पत्नी बहुत सहयोगी और केयरिंग थी। समय गुजरने लगा। एक बार ऐसा संयोग बना कि हम सारे दोस्त होली के अगले दिन मिल पाए, रात की पार्टी मोहित के यहां हुई। मोहित ने कहा, ''यार, आज दोस्ती को नया आयाम देते हैं, पूरे नंगे होकर डांस करते हैं''। हम थोड़ा झिझके, पर सोचा कार का स्टीरियो ऑन किया जाए और घर के बाहर जंगल में कार

की हैडलाइट में नाचा जाए... और इन सारे यारों ने पूर्ण नग्न होकर डांस किया। इसका न कोई विडियो है, न ही फोटो है। पर ये दोस्ताना, इसकी महक हमारे दिलों में है, ताउम्र रहेगी। वहीं मोहित ने पहली बार ये आइडिया लिया कि क्यों न हम सब एक लैंड लेकर एक सोसाइटी बनाएं, एक टीनएजर सोसाइटी... और हम सारे दोस्त अपनी–अपनी जिम्मेदारियां पूरी करके वहीं सेटल हो जाएं। वहां गाय पालेंगे, गार्डनिंग करेंगे, एक लाइब्रेरी और एक जिम... ये सब होगा! सभी तैयार हुए। जमीन देखने, डिजाइन, स्टीमेट का काम हर्ष को सौंपा गया और उस रात पूरे नंगे होकर हम बूढ़े होते जवानों ने टीन एजर सोसाइटी की नींव रख दी।

थप्पड़ रैगिंग

हमेशा ही अच्छा लगता था जब नवीन का फोन आता था। याद है मुझे नवीन का वो पहला लेटर एम0एल0एन0आर0 इलाहाबाद से। हॉस्टल में पहुँचा कि नॉक हुई कोई फोर्थ क्लास इम्पलॉई था, बोला – ''सीनियर सर ने बुलाया है''। एक स्केयरी फीलिंग डैवलप हुई, पर जाना तो था! उसके पीछे हो लिया। ग्राउंड फ्लोर में पहुँचते ही बताया गया शर्ट के थर्ड बटन को देखना है। एक सीनियर आया और चार–चार थप्पड़ दोनों गाल में लगा दिए और बोला, ''बेटा, हर जवाब में बोलेगा 'मैं कुत्ता कमीना', फिर शहर का

नाम और अपना नाम बता''। ''सर, मैं नवीन मखीजा, मैं कुत्ता कमीना अल्मोड़ा से, सर सिविल'', तीखा थप्पड़। ''सॉरी सर, मैं कुत्ता कमीना अल्मोड़ा से, सर सिविल में''। आधे घंटे बाद वह जब रूम में लौटा तो दोनों गाल जल रहे थे। गर्दन थर्ड बटन को देखते–देखते थक गई थी। गालियां नई–नई सीखने को मिली थी। दो गालियों को मिलाकर बनाई नई गाली को थ्रीडी कहते हैं, आज पता चला था। दिमाग सोचने–समझने की स्थिति में नहीं था। बैग खोला, माँ की रखी हुई मठरी खाई, गगरी से पानी पिया और पसर गया। गालों में सांय–सांय की आवाज हो रही थी, दिमाग में माँ–बहन के अलावा कुछ नहीं था। सात दिन तक ड्रिलिंग हुई थी। आज कोई बुलावा नहीं आया था। उसे लगा रैगिंग खत्म हो गई। आराम से सो गया। अचानक दरवाजे पर नॉक हुई, दरवाजा खोला, तो किसी ने कंबल डाल दिया। फिर तो लात–थप्पड़ बरसने लगे थे, ये कंबल पिटाई थी। फ्रेशर फंक्शन से ठीक पहले का लास्ट रैगिंग एपिसोड। अगले दिन का फ्रेशर फंक्शन धांसू था, नवीन ने उसमें गिटार बजाया था... ''समा है सुहाना–सुहाना, नशे में जहां है...''। वैसे भी किशोर दा के गाने तो मैजिकल हैं, न कोई इस मैजिक तक पहुँच पाया है, न पहुँच पाएगा। गिटार बजाते हुए उसकी निगाहें सामने बैठी ऑडियंस पर थी। कोई सुंदर चेहरा दिख जाए तो रूमानी कल्पना सिद्ध हो जाए, पर इंजीनियरिंग कॉलेज में तो सूखा रहता है। नवीन समझ गया कि ये चार साल फ्रस्ट्रेशन में बीतेंगे, उसे कोफ्त होने लगी। इस फंक्शन के बाद वो थोड़ा नॉस्टालजिक हो गया। उसने बाहर निकलकर पी0सी0ओ0 से कानपुर मोहित को फोन लगाया उसके हॉस्टल में। हॉस्टल से खबर मिली कि लैब में

है। आज उसका मन मोहित से बात करने को हो रहा था, मोहित से बात नहीं हुई तो उसने गिरीश को फोन लगाया।

गिरीश! गिरीश का परिचय देने के लिए मैं जिस घटना का परिचय आपसे कर रहा हूँ, वो रूह कंपा देने वाली घटना है। हल्द्वानी रोडवेज स्टेशन पर बसों की रेलमपेल रहती है। गिरीश अपने कजन, गोपी के साथ बैग लटकाए लखनऊ जाने वाली बस को ढूंढ रहा था। स्टेशन पर थोड़ा अंधेरा था और बसों के हॉर्न की तीखी आवाज थी। वो अभी–अभी गोपी के साथ अल्मोड़ा से पहुँचा था। बस की टाइमिंग सात बजे की थी और अब 7:10 हो रहा था। बस, स्टेशन से बाहर मुख्य सड़क पर पहुँच चुकी थी। गिरीश ने हाथ दिया, ड्राइवर ने बस धीमी की, गोपी और गिरीश तेजी से चढ़ गए। बस लगभग भर चुकी थी। दोनों को अलग–अलग सीट मिल गई और बस शिकंजी–शिकंजी की आवाजों से दूर लखनऊ को चल पड़ी। खिड़की से आई ठंडी हवा ने गिरीश की तबियत को थोड़ा ठीक किया जो बस के अंदर आते ही डीजल, उल्टी की बदबू से थोड़ा गड़बडा गई थी। गिरीश थोड़ा अनकम्फर्टेबल था, जर्नी में जाना उसे थोड़ा परेशान कर देता था। पता नहीं क्यों उसे जर्नी की तारीख से काफी पहले घबराहट होने लगती थी, सर में एक प्रेशर फील होता था और जर्नी के दिन तो ऐसा लगता था जैसे पेट से ठंडा पानी ऊपर उठ रहा है। मगर ये जर्नी टाली नहीं जा सकती थी, उसका बैंक का इंटरव्यू था और वो भी किसी शादी में जा रहा था। ''टिकट ले लीजिए'' की आवाज ने गिरीश को चौंकाया। बस कंडक्टर तब तक लखनऊ का टिकट बनाने लगा था। गिरीश ने पैसे निकाले और पर्स में रखी उस फोटो को देखा। इस फोटो में वो अपने चार दोस्तों के साथ था।

उसे याद आया, ये फोटो पिछली दिवाली में ली थी। उसने पर्स में टिकट रखा और उसे जेब में रख लिया। पीछे गोपी की आंखें मुंदने लगी थीं। आंखें गिरीश की भी भारी हो रही थीं। उसने सेंटर फ्रेश निकाला, मुंह में डाला और आंखें बंद कर लीं। अचानक गाड़ी का ब्रेक लगा। गिरीश का सिर खिड़की के शीशे से भिड़ा, नींद खुली, ''खाना खा लो'' कहकर ड्राइवर बस से कूद गया था। गिरीश ने बाहर देखा। सुनसान जगह थी, ढाबा दिख रहा था, लो वोल्टेज में बल्ब जले थे, एक शिकंजी वाला खड़ा था। गिरीश ने एड्रेस पढ़ा — पंचम दा ढाबा, शाहजहांपुर। गिरीश के बगल वाला बंदा नीचे उतर गया था। गिरीश ने गोपी को अपनी सीट पर बुला लिया था। मम्मी के हाथों बांधे पराठों का जैसे ही उसने डब्बा खोला, पूरी बस घर में बने आम के अचार से महक गई। इस खुशबू से बड़े बडों को भूख लग जाए, मुंह में पानी आ जाए। इस अचार की कशिश में गोपी और गिरीश ने चार—चार पराठे दबा लिए। फिर दोनों ने नीचे उतरार एक—एक शिकंजी पी ली। जो सैटिस्फैक्शन उन्हें आज मिला था, वो शाही डिनर में नहीं मिलता। जर्नी में खाना खाने का आनंद ही कुछ और होता है। आधे घंटे बाद बस फिर चल पड़ी और गिरीश फिर नैप लेने लगा। चाय की तेज आवाज से गिरीश उठा। बस सड़क के किनारे चौड़ी—सी जगह पर रुक रही थी। उसने कंडक्टर से पूछा — कहां पहुंचे हैं भाई साहब? कंडक्टर ने बताया, ''चाय पी लीजिए, सीतापुर आ गए हैं''। उसने गोपी से कहा — चल, चाय पी लेते हैं! गोपी, गिरीश से पहले उतरा। पीछे—पीछे गिरीश था, गिरीश का पैर सामने रखी पानी की बोतल पर पड़ गया, बोतल गिर गई। गिरीश ने उसे सीधा किया, तब तक गोपी सड़क पार कर रहा था। अचानक तेज ट्रक

गुजरा। उसने देखा कि गोपी पीछे के पहिए में फंसा, घिसटता चला जा रहा है। गिरीश अचानक उछला और भागा। उसने देखा कि खून का फव्वारा छूट रहा था। गोपी चीख रहा था। गिरीश ने उसके पैर को देखा, जांघ के पास सफेद रंग का लोथड़ा बाहर लटका था जिससे खून की धार बह रही थी। गिरीश ने 'प्लीज, जरा हेल्प करिये' कहकर गोपी को कंधे से पकड़ा। तीन-चार लोगों ने बमुश्किल उसे एक जीप में रखा। गिरीश ने अपनी शर्ट खोलकर, कसकर गोपी के गले में बांध दी, जीप तेजी से लखनऊ की ओर दौड़ पड़ी। गिरीश, जो एक संवेदनशील लड़का था, वो बीमारी, खून देखकर अचानक क्या हो गया था, वो खुद हैरान था। क्या विपत्तियां इंसान को मजबूत बना देती हैं? कहां से आती है ऐसे मौकों पर वो शक्ति? उसे ओशो का वो आर्टिकल याद आया जिसमें रहस्यमयी शक्तियों का रीजन दिया गया था। जीप से तेज गिरीश का दिमाग चल रहा था, जिसने उसे बरसों पीछे धकेल दिया, इस विषम परिस्थिति में निपटने की शक्ति दे दी थी। अगले सात दिनों तक की गई उसकी सेवा ने गोपी के जीवन को तो बचा लिया लेकिन एक टांग थोड़ी छोटी हो गई थी, मुड़ी रहती थी और वो जीवन भर इसी टांग के सहारे जीने के लिए मजबूर हो गया था। घंटी की आवाज आई, गिरीश ने फोन उठाया और ''हैलो'' बोला। उधर नवीन शायद घंटी की आवाज सुनते-सुनते कहीं खो गया था। नवीन की तन्द्रा टूटी, उसने कहा – क्या कर रहे हो यार? बोला – यार, मनोज की कहानी पढ़ रहा हूँ। ''''

मत जा बेटे!

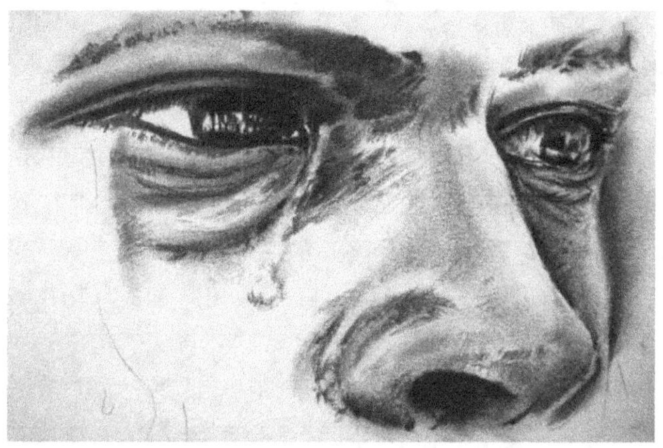

मनोज की कहानी जो गिरीश पढ़ रहा था, ये अपनी कहानी थी, हम लोगों की कहानी थी, आप भी पढ़िए। 1979 की दोपहर, पूस के माह में गुनगुनी धूप अच्छी लगती है। हमारे पहाड़ में इस माह में विवाह नहीं होते, मगर काण्डपाल जी विवाह कर लाए। एक अधेड़ उम्र की स्त्री के साथ काण्डपाल जी का विवाह अपने छोटे बच्चों के लिए सुरक्षा की गारंटी थी, न कि जवानी की रंगीनी में मधुमास की लालसा करते युवा का विवाह महोत्सव। अभी साल भर पहले ही काण्डपाल जी की पत्नी दो छोटे बच्चों को छोड़कर

भगवान को प्यारी हो गई थी, बहुत रोए थे काण्डपाल जी, जीवन भर साथ निभाने का वादा करके उनकी संगिनी काल कवलित हो गई थी। सख्त मिजाज, अनुशासन प्रिय, ईमानदार, भगवत भजन में विश्वास करने वाले काण्डपाल जी का अपने ऑफिस यानी बेसिक शिक्षा अधिकारी के पद पर रौब जगजाहिर था, अबकि नई नवेली दुल्हन। हालांकि उम्र का एक पड़ाव गुजार चुकी थी, पर उसके जीवन में तो बसंत अब आया था, मगर ये मधुमास उससे त्याग की उम्मीद कर रहा था, दो मासूम बच्चों की देखरेख की जिम्मेदारी संभालने को कह रहा था... और नियति देखिए, उसने स्त्री होने का गौरवपूर्ण दायित्व बखूबी पूरा किया और इन दो बच्चों को अपने कलेजे से ऐसे लगा लिया जैसे उसी की कोख से जन्मे हों। समय गुजरने लगा, बच्चे जवानी की दहलीज पर पहुँच गए, काण्डपाल जी उनके स्वास्थ्य–शिक्षा का पूरा ध्यान रख रहे थे, उनकी पत्नी पूरी श्रद्धा के साथ पति की सेवा और वात्सल्य के साथ बच्चों में रम गई थी। त्याग और कर्त्तव्य का तालमेल ही हमारी पहाड़ी महिलाओं की महागाथा है, शायद देवी स्वरूप इन महिलाओं की वजह से ही हम इसे देवभूमि कहते हैं। बड़े लड़के ने डॉक्टरी की परीक्षा दी और उसमें निकल गया। पिता रिजल्ट देखकर खुशी से रो पड़े थे, उनकी साधना जो पूरी हुई थी। छोटा लड़का भी अच्छे अंकों के साथ पास हो रहा था। पिता जब उन दो गठीले जवानों को देखते थे तो गर्व से तन जाते, उनके बुढ़ापे की मजबूत लाठियां जो तैयार हो रही थीं। छः बरस गुजर गए, काण्डपाल जी शरीर से दुबले हो गए थे, बालों में सफेदी आ गई थी, बड़ा लड़का डॉक्टरी करके दूर गांव में पोस्टेड था, छोटा इंजीनियरिंग करने चला गया। पिता की तनख्वाह बड़े लड़के के बाद अब इस छोटे लड़के में खर्च हो

रही थी, तनख्वाह जो भी थी बच्चों के जीवन सुधारने में लग रही थी। काण्डपाल जी ने अपना मकान भी नहीं बनवाया, किराए के मकान में उम्र काट दीं। एक आदर्श पिता के अलावा अपने बूढ़े पिता का भी ध्यान रखने वाले वो एक अच्छे बेटे थे। बड़े लड़के की नौकरी लगते ही इन्हें खुशी हुई कि चलो दो हाथ हो गए, खर्चा आसान हो जाएगा। नौकरी लगने के बाद बड़ा लड़का तीन माह बाद घर आया, छः दिन रहा और चला गया। बूढ़े पिता की उम्मीदें जैसे चरमरा गईं, इन छः दिनों में पैसा तो दूर, एक दूध का पैकेट तक अपनी जेब से नहीं लाया। काण्डपाल जी की आज आंख भर गई थी, मगर उस कर्मठ आदमी ने इस तपिश को अपने चेहरे पर नहीं आने दिया। माँ भी मुंह छुपाकर पल्लू से आंसू पोंछ लेती थी। लोग लड़के होने पर हो–हल्ला करते हैं, पुत्र को घर का चिराग कहते हैं, मगर ऐसी औलाद! पर काण्डपाल जी टूटे नहीं, उन्हें अपनी दूसरी लाठी पर भरोसा था और छोटा बेटा था भी अलग प्रवृत्ति का, उससे उम्मीदें करना जायज था। काण्डपाल जी अपने कर्त्तव्य से हटे नहीं, अब उन्हें बड़े बेटे का विवाह करना था। छोटा बेटा भी नौकरी में आ गया और मुंबई चला गया। और फिर आया वो दिन जिसका इंतजार हर बाप को होता है। बेटे की बारात गई, नई–नवेली बहू घर आ गई, पिता ने अपनी सारी जमा पूंजी उस विवाह में लगाई। खर्चा तो बड़े बेटे ने भी किया लेकिन आगन्तुका पत्नी के लिए झीने गाउन और डिजाइनर कपड़े खरीदने में। बहू अच्छी मिली थी, काण्डपाल जी का दर्द कुछ कम हुआ। समय फिर चल निकला, बड़े बेटे का ट्रांसफर हुआ और वो घर ही आ गया। इधर छोटे बेटे के विवाह की बातें हुई, उधर काण्डपाल जी दादा बन गए, मारे खुशी के उनकी आंखें छलक आईं। जीवन भर का संघर्ष

पोते के रूप में उनके सामने था, मगर चिंताएं कहां कम होनी थीं, छोटे बेटे का विवाह जो करना था। खोजबीन शुरु हुई, अपने से बड़े घराने की अंग्रेजी मेम आ गई। काण्डपाल जी को देखकर लोग जलते थे, दो गबरू जवान बेटे–बहुएं। मगर काण्डपाल जी और उनका हर कदम साथ देती संगिनी के दुःख को कौन समझे! मगर काण्डपाल जी अपने बच्चों से इतना प्यार करते थे कि पूछो नहीं। शनिवार का दिन था, छोटे बेटे का टेलीफोन आया अपने ससुराल से कि विदेश जा रहा हूँ, अच्छी जॉब मिल गई है। काण्डपाल जी ने पूछा – कितने दिन के लिए? जवाब था – शायद हमेशा के लिए।

एक ठंडे पानी के गिरने का एहसास गले से नाभि तक काण्डपाल जी को हुआ, बूढ़े पैर थरथराए, अच्छा–अच्छा कहकर फोन रख दिया। पर ये बेटे की तरक्की का प्रश्न था, तभी बड़ा बेटा सीढ़ियां चढ़ते हुए दुमंजिले में पहुँचा और बोला – पापा, एक किराए का मकान ऑफिस के पास देखा है। यहां से ऑफिस दूर हो रहा है, वहीं रहने की सोच रहे हैं। काण्डपाल जी ठगे से खड़े रह गए, मन चीत्कार कर उठा। एक ही आवाज दिल से आ रही थी – मत जा बेटे! मगर उस किराए के मकान में उसे कौन सुनता।

इंजीनियर : साइलेंट लवर

जब नवीन ने सुना कि वो मनोज की कहानी पढ़ रहा है, तो उसने भी ये कहानी पढ़ने की ठानी। कहानी पढ़ने के बाद उसके दिमाग में जैसे विचारों का इन्फ्लो बहुत ही बढ़ गया था। उसे याद आया कि कैसे उसके दादा हरदयाल ने पाकिस्तान छोड़ा था और बंटवारे के वक्त कुमांऊ में आकर सेटल हुए थे। वो कब यहां रच-बस गए, कैसे कल्चर का ट्रांस्फॉर्मेशन हो गया, पता ही नहीं चला। उसे याद आया कि जब वे यहां पहुँचे थे, विंटर का मौसम था। सुबह आंख खुलते ही पहाड़ों में अठखेलियां करता कुहासा दिखता था।

पूरा क्षितिज जैसे सूर्योदय की प्रतीक्षा कर रहा हो। जहां पर उसके फादर ने रेंट पर घर लिया था, वहां से बर्फ से लखदख चोटियां सूरज की किरणें पड़ते ही चमकने लगती थीं, करीब एक घंटा प्रकृति अपने जादुई रंगों के साथ मौजूद रहती थी। नाश्ते के बाद किताबें लेकर वो छत पर चला जाता था। कमरे तो बेतहाशा ठंडे होते थे, सारी छतों में बच्चे किताबों से जूझते हुए दिखाई देते थे। नवीन का मन भी होता था कि कैसे शाम हो और वो खेलने निकले, पर वो कम्बख्त दिन बहुत लम्बे और शामें बहुत छोटी होती थीं। शाम को नवीन, मनोज के मोहल्ले में चला जाता था। जगदीश निवास, ये एक पूरी दुनिया थी, हर वर्ग के लोग इस विशाल बिल्डिंग में रहते थे। कच्ची सड़क मैदान थी, जहां खो–खो, रूमाल झपट्टा, आइस पाइस, टायर रेस और झिटालू की बंदूक से निशानेबाजी होती थी। एक उम्र तक के बच्चे इसमें इन्वॉल्व होते थे, कुछ बड़े कपड़े की बॉल बनाकर अष्टावक के ग्राउंड में क्रिकेट खेलते थे। इस ग्राउंड का नाम अष्टावक ग्राउंड इसलिए था क्योंकि ये प्लॉट एक बहुत ही टेढ़े, कॉम्पलेक्स आदमी का था। ये खूबसूरत शामें अल्मोड़ा के गली–मुहल्लों की जान थी, नवीन ये सब देखकर म्रिसमराईज था। उसका परिवार भी इतनी खूबसूरत दुनिया में पार्टीशन के गम और काली रातों को भुला चुका था। समय अपना सफर पूरा करता रहा और बचपन अतीत बनता गया। रात को टोलियां बनाकर रामलीला का मजा, जब मूंगफलियां खाकर ठंडी रातों में मेघनाथ की गर्जना सुनकर खून उबलने लगता था। ठंड की परवाह किसे होती थी, वो सब धीरे–धीरे छूटने लगा था। दिवाली की आतिशबाजी, वो ताश की महफिल, वो अल्मोड़ा की सजी बाज़ार में रात का एक चक्कर... कौन कह सकता है कि दुनिया के एक कोने में एक

जादुई नगर बसता है जो मैन्ड्रिक के जनाडू से भी ज्यादा अट्रैक्टिव और हिप्नोटाइज़ करने वाला है। जहां हॉकी की कॉमेन्ट्री में जसदेव सिंह की आवाज पैरों में कंपन पैदा कर देती थी, मोहम्मद शाहीद डीके बाहर पहुँचा नहीं कि रेडियो की तरफ भीड़ झुक जाती थी और गोल चूक गया, तो 'अरे यार' के साथ उतनी ही तेजी से पीछे को आ जाती थी। इस नशे के साथ नवीन बड़ा हुआ और इंटर तक पहुँचते–पहुँचते वो भी प्रतियोगी परीक्षाओं के प्रेशर में आ गया। वो एक होनहार लड़का था, पर उस वक्त केवल 45 सीट ही हिल रीजन को यू0पी0 से मिलती थी, बड़ा ही कड़ा कॉम्पिटीशन था। आई0आई0टी0 तो बस एक सपना होता था क्योंकि उसमें इंग्लिश क्वालिफाइंग पेपर होता था और हमारी तरह ही नवीन भी अंग्रेजी का महारथी था और महारथी क्वालिफाइ करना अपनी तौहीन समझते थे, रूड़की का पेपर समझ में नहीं आता था। आज एक सीनियर ने पहला सवाल सिर्फ इसलिए छोड़ दिया कि उसे लगा कि ये इतने लम्बे पेपर को करने के इंस्ट्रक्शन लिखे हैं। बचा एम0 एल0 एन0 आर0, तो सारी लड़ाई उसी के लिए थी। इंटर के बाद नवीन का सलेक्शन नहीं हो पाया, अब क्या करूं की स्ट्रेस थी। उसने बी0एस0सी0 में एडमिशन लिया, पर मन नहीं लगा तो कोचिंग करने दिल्ली चला गया। कोचिंग तो क्या, सिर्फ जद्दोजहद थी, पर ईश्वर ने मौका दे दिया और नवीन एम0 एल0 एन0 आर0 चला गया। उसे सिविल इंजीनियरिंग की ब्रांच मिली। अच्छा टाईम गुजरा, उसके फादर पॉलिटिकल व्यक्ति थे, उन्होंने एश्योरेंस दिया कि वे जॉब लगा देंगे गवरमेंट में, बस डिग्री पूरी करके आ जा। वो आ गया, पर जॉब ऐसे कहां मिलती है। उसका कितना संघर्ष और कितनी निराशाएं थीं। हमारे बच्चों ने तो ये

स्ट्रगल देखा ही नहीं और उस स्ट्रगल में हमें कभी भी क्विट करने का खयाल नहीं आया, मन बहुत मजबूत था। ये ईश्वर की कृपा है कि हमारे बच्चे इस स्ट्रगल से नहीं गुजरे क्योंकि हम जानते हैं उन्हें ये मजबूत मन विरासत में नहीं मिला। न जाने कितने सेक्रेट्रीज, अपर सचिव, संयुक्त सचिव, प्रबंध निदेशकों से हम मिले, पर बात नहीं बनी। स्ट्रगल के इस टाइम में मैं उसे आकाशवाणी, अल्मोड़ा के एक कार्यक्रम में मन बहलाने के लिए ले गया। वहां जब हम पहुँचे, तो मंच पर रजनी नाम की एक कलाकार कोई सॉन्ग गा रही थी। नवीन जैसे खड़ा रह गया। उसकी सादगी, चश्मे के पीछे दिखती भीगी आंखें, नवीन जैसे पिघलने लगा था। वैसे भी जब आप बहुत परेशान होते हैं, तो मन सहारा ढूंढता है। सहारे में अपोजिट सेक्स को ही क्यों ढूंढता है, ये तो पता नहीं, पर आज बहुत महीने बाद मैंने नवीन को बहुत रिलैक्स पाया। अगले कुछ महीने वो अपने पिता की इस पॉलिटिकल अनसक्सेस से आजिज आ गया और इस तरह से बार–बार भटकने का विचार उसने छोड़ दिया। वो एक स्किल्ड पर्सन था, अपनी राह खुद बनाने की योग्यता उसमें थी और प्रेरणा उसे मिल चुकी थी। वो डेस्परेट था रजनी से दोस्ती के लिए। उसने रजनी के घर से निकलने का टाइम नोट किया, वो भी रोज उसी वक्त निकलता था। वो सर झुकाकर चलती थी, नवीन भी पीछे हो लेता था। महीनों बीत गए, छः माह के बाद उसने उसके घर जाने का जुगाड़ बना लिया। बात हैलो तक पहुँची। उन दिनों उसने अपना काम करने का सोचा। नौ हजार रुपये की पहली मदद मनोज ने ही उसे की थी। एमाउंट कम था पर उस वक्त के हिसाब से दिया गया दस रुपया भी करोड़ों का मोल रखता है। उसका काम शुरु हुआ और कुछ वर्षों के संघर्ष के बाद उसने खुद को

स्टैबलिश कर लिया। नाम के साथ दाम भी मिलने लगा, प्रोजेक्ट बड़े हो गए, व्यस्तताएं बढ़ गईं। हैलो से शुरु हुआ एकतरफा इश्क रजनी की शादी में 501 रुपये का लिफाफा देने के साथ ही खत्म हो गया। प्रेम कहानी एकतरफा थी, पर उसे स्टैबलिश कर गई थी। समय गुजरता गया, बचपन की हमारी दोस्ती प्रगाढ़ होती चली गई। शादी हुई, बच्चे हुए और फिर एक बार हम सब गोवा ट्रिप के लिए गए। वहीं उसने बताया कि टीनएजर सोसायटी का जो काम उसे सौंपा गया है, वो पूरी रफ्तार से जारी है।

लस्ट फ्री लव

अरुण और उसकी पूरी फैमिली मेरी मित्र–कथा पूरी शिद्दत के साथ सुन रहे थे। मैं बोलते–बोलते थक–सा गया था। भाभी ने बात को समझा और फ्रूट–चाट बना लाईं। चाट मसाला डालकर हमने उसे खाया। इस वक्त तो चाट एक राजभोग थी। खाते–खाते मैंने देखा अरुण की बिटिया कुछ पूछना चाह रही है। मैंने कहा – ''बेटे! पूछो, क्या पूछना है?'' वो थोड़ा झिझक रही थी, पर मेरे स्नेह से पूछने पर उसने कहा – ''अंकल, मेरी बहुत सारी सहेलियां आपका ब्लॉग पढ़ती हैं, इनफैक्ट वो आपकी बहुत बड़ी फैन हैं, उन्हें जब पता लगेगा कि मैं आपसे मिली, तो हमें क्यों नहीं

बुलाया करके मुझे कच्चा खा जाएंगीं''। मुझे बड़ी खुशी हुई कि ये युवा मेरी लेखनी के कद्रदान थे। आपका ब्लॉग, 'हिल स्टेशन लव स्टोरीज' को बहुत लोगों ने पढ़ा है, वो क्या है? ऐसा बोली। यंग बच्चों को लव स्टोज में खास इंट्रेस्ट होता है और हो भी क्यों न, इंसानी जीवन के खूबसूरत एहसासों मेंये भी एक एहसास है। मैंने उसे बताया कि बेटा, मैंने अपने ब्लॉग में पहाड़ की लव स्टोरीज को लिखा है, वो जो कि बिल्कुल प्योर है, जिनमें एक रस है, वो भी अमृत–सा... लस्ट से कोसों दूर, केवल शुद्ध भावनाओं और जिम्मेदारियों के एहसास से भरी लव स्टोरीज। ऐसी ही एक लव स्टोरी थी महान लोक कलाकार, विश्व प्रसिद्ध, मोहन उप्रेती और नयीमा खान जी की, संगीत के सात सुरों से भी दिलचस्प, दिलकश। राग रंगीनियों से सजी हुई समप्रभुत्व सिखाने वाली दो इंसानों की प्रेम कथा, यही तो अल्मोड़ा की विशेषता थी। इस रत्नगर्भा धरती में लिखी ये एक ऐसी इबारत है जिसकी मिसाल नहीं मिलती। पर मैं आज इस कालजीवी सच्ची प्रेमकथा को नहीं डिस्कस करना चाह रहा क्योंकि ये हमारे समय के पहले की थी, तब शायद विचारों में आचार भी एक जन्मजात पवित्रता थी। पर हम बदले हुए समाज में थे, हम बदले हुए समाज की ऐसी एक प्रेम कहानी परवान चढ़ी थी सुदेश और सिम्पल की कहानी। मैंने ही नहीं, शायद विश्व में किसी ने भी नहीं सोचा होगा कि ऐसा भी कोई समय आएगा कि पूरा विश्व बंद हो जाएगा। ट्रामें, बसें, रेल, हवाई जहाज, कारें, सब बंद! दुकानें, मॉल, सिनेमा, थियेटर सब बंद! मंदिर, गुरूद्वारे, चर्च, सब बंद! और उसका कारण साठ नैनोमीटर का एक नॉन लिविंग एनटाइटी, एक अनजाना वायरस। दस लाख लोग चपेट में और अब तक पचास हजार मौतें! प्रकृति ने शायद

अपनी ताकत का एहसास कराया था मानव को। इस सर्वशक्तिमान ने अपनी मौजूदगी का एहसास कराया और पूरे विश्व में इस महामारी से शायद ही कोई लड़ पा रहा है, अगर कोई लड़ भी पा रहा है तो वो केवल मेरा देश भारत है, जो अपने सनातन विज्ञान से इस अनजानी आफत से लड़ने में कैपेबल है। आयुर्वेद, यजुर्वेद में समझाए तरीके, भारतीय खान–पान, जीवनशैली, हमारी रिचुअल्स इससे लड़ने में सक्षम है। आज सुप्रीम कोर्ट की उस टिप्पणी का अर्थ समझ में आ गया था जिसमें उन्होंने कहा था – 'हिन्दू एक धर्म नहीं है, व्यू ऑफ लाइफ' है। आज हर आदमी छोटा–बड़ा, अमीर–गरीब, किसी भी पंथ और संप्रदाय को मानने वाला इस व्यू ऑफ लाइफ को अपनाना चाहता है खुद को बचाने के लिए। दूरदर्शन में आज फिर से पुराना भारत लौट आया है। रामायण, विश्व के इतिहास का सबसे महान ग्रंथ विजुअल्स के रूप में नई पीढ़ी को कर्त्तव्य, त्याग, विकास, संगठन की शक्ति का संदेश देता प्रसारित होने लगा है। महान मनोवैज्ञानिक ग्रंथ 'महाभारत' हमारी परम्पराओं का परिचय समाज को दे रहा है। प्रेम, सौहार्द्र की महत्ता फिर से लोगों की समझ में आने लगी है, सारा परिवार साथ मिलकर जीवन जी रहे हैं। भारत, विश्व को प्रेम की एक मिसाल दे रहा है, ऐसे में आप भी प्यार की मीठी आंच में तपिये। छः फीट के सुदेश ने अपनी मोटरसाइकिल संभाली और अपने इंस्टीट्यूट की तरफ चल दिया। उसका एक छोटा–सा इंस्टीट्यूट बच्चों को 9, 10, 11, 12 की कक्षाओं की तैयारी करवाता था। उसके इस इंस्टीट्यूट में एक पंजाबी लड़की सिम्पल, साइंस पढ़ाया करती थी। चश्मा लगाए, सिंसियर लड़की हमेशा धीरे–धीरे बोलती थी। उसको देखकर ही लगता था, जैसे वो इस प्रोफेशन के लिए ही पैदा

हुई थी। सुदेश उसका बड़ा सम्मान करता था। करे भी क्यों नहीं, बच्चों की फेवरेट टीचर जो थी। कभी रात तक क्लास लेने के बाद घर लौटते हुए, चलते-चलते सुदेश के साथ पैदल घर तक चलती थी और सुदेश भी घर तक छोड़कर वापस लौटता था। पूरे दस मिनट के रास्ते में वो दोनों कोई बात नहीं करते थे, सिर्फ नमस्कार से विदा होती थी। सिम्पल के घर वाले जोरशोर से लड़के की तलाश कर रहे थे, करीब 26 बरस की हो गई थी सिम्पल। शांत, गंभीर, अपने नाम को जस्टिफाई करती ये लड़की अपना टीचिंग का काम भी पूरी शिद्दत से करती थी। वो एम0एस0सी0 मैथ्स करने के बाद से ही सुदेश के इंस्टीट्यूट में पढ़ा रही थी। सुदेश फिजिक्स में पी0जी0 था, तीन वर्ष सीनियर। इन पांच वर्षों में दोनों की मेहनत ने इंस्टीट्यूट को स्टैब्लिश कर दिया था। सिम्पल ने सुदेश से कहा कि कल वो नहीं आ पाएगी, उसे देखने लड़के वाले आ रहे हैं। सुदेश चौंका था, एकदम शांत हो गया था अचानक। घर आकर अकेले में फूट-फूटकर रो दिया। जब मन थोड़ा शांत हुआ, तो सोचने लगा कि क्यों रोया। इन पांच वर्षों में सिम्पल से उसने सामान्य बातें की थीं, कभी अकेले में सिम्पल का कोई खयाल उसे नहीं आया था, पर आज सिम्पल चली जाएगी ये खयाल आते ही वो टूट-सा गया था। वजह उसे पता नहीं चली, अनमने ढंग से वो खाना खाकर लेट गया, नींद कब आ गई पता ही नहीं चला। उधर सिम्पल खाना खाकर लेटी, उसने रियलाइज किया कि वो उतनी उत्साहित नहीं है जितनी अमूमन एक लड़की अपनी शादी को लेकर होती है। उसका मन नहीं कर रहा था कि वो कल घर में वेट करती रहे। खैर, थकी थी, थोड़ी देर में सो गई। अगली सुबह उसे देखकर उसके पापा ने उसे कहा, ''पूछो, क्या बात है!'', माँ

ने दुलार से पूछा, ''बेटा, क्या बात है, तुस्सी तैयार नहीं हो रहे?'' तो वो माँ के सीने से लगी और फूट–फूटकर रो दी। जब आंसू संभले, तो उसने कहा – ''माँ! आपलोगों को छोड़कर नहीं जाना चाहती, प्लीज!'' दोनों माँ और पिता सिम्पल को बहुत प्यार करते थे, उसे फूट–फूटकर रोता नहीं देख पाए। उन्होंने बात को समझा और लड़के वालों को मना कर दिया। पर ये बात सिम्पल को बता दी कि बेटा, आज तो हमने मना कर दिया है पर शादी तो एक–न–एक दिन करनी ही होगी। सिम्पल के आंसूओं में जब भावनाओं का सैलाब बह गया, तो थॉट आने लगे और गिल्ट भी आई कि क्या वाकई वो मम्मी–पापा को छोड़कर नहीं जाना चाहती, इसलिए शादी को मना किया? दिमाग और दिल ने जोर से बोला – हाँ, और क्या! पर अचेतन से आवाज आई – नहीं। वैसे तो दिल और दिमाग की जुगलबंदी अंदर से उठती आवाजों को दबा देती है, सच्ची आवाजों को दबा देती है, पर आज ऐसा नहीं हो पाया। थोड़ी देर बाद इस आवाज को दिल का साथ मिल गया और धड़कते हुए उसने एलान कर दिया – पगली, तुझे प्यार हो गया है! पर दिमाग ने इसे इग्नोर किया और सिम्पल को नींद आ गई। जब आंख खुली तो सब शांत था, कर्म बुला रहा था। वो उठी, तैयार होकर इंस्टीट्यूट को हो ली। उधर सुदेश भी शादी को अवॉइड कर रहा था। जब भी उसके मम्मी–पापा रिश्ते की बात करते, वो 'अभी सेटल नहीं हुआ हूँ' कहकर टाल देता था। पापा को संदेह हुआ, उन्होंने एक रोज पूछ ही लिया – ''बेटा! आपकी कोई पसंद है तो बताइए, हमें कोई एतराज़ नहीं है''। वो क्या बोलता, वो बोला, ''पापा! समझ नहीं आता। अंदर से कोई बात रोक लेती है शादी की बात आते ही''। छः माह और बीत गए। एक रोज मम्मी–पापा ने इंस्टीट्यूट में धावा

बोल दिया, वहां सिम्पल भी थी, उसके पापा टिफिन देने आए थे। सिम्पल को वो जानते थे पर उन्होंने उसी से सुदेश की शिकायत कर दी, बोले – ''बेटा, शादी की बात हमेशा टाल देता है''। सिम्पल ने कोई जवाब नहीं दिया और उसके मम्मी–पापा ने एक–दूसरे की तरफ देखा। शिक्षा या किताबी ज्ञान का अनुभव से कोई मुकाबला नहीं होता, उसके पापा ने अचानक बोल दिया – ''बेटा! आप भी शादी टालते हो, ये भी टालता है, तुम दोनों आपस में शादी क्यों नहीं कर लेते?'' एक सन्नाटा पसर गया एटमॉसफेयर में। सब अवाक थे, सिर्फ घड़ी के पेण्डुलम की आवाज सुनाई दे रही थी। सिम्पल के पापा उठे, उन्होंने अपनी पत्नी से चलने को कहा और उठकर चल दिए। सुदेश के मम्मी–पापा भी उठे, ''अच्छा... चलते हैं'' कहकर चल दिए। इस घटना के एक सप्ताह बाद सुदेश की सिम्पल से धूमधाम से शादी हो गई। मेरे ऐसा कहते ही अरुण के सारे फैमली मेम्बर ने तालियां बजाई। फिल्म ट्रैजिक देखकर लव फेल होने का माइंड सेट बना चुके यंग जनरेशन के लिए ये एक फ्रेश एयर थी, एक सक्सेसफुल लव स्टोरी थी। दूर टेबल पर रखे मेरे मोबाइल में घंटी बजी, तो अरुण के बेटे ने मुझे मोबाइल लाकर दिया। मैंने पूछा कि किसका है, तो बोला कि कोई गिरीश अंकल हैं। अरुण बोल पड़ा – ''अरे वाह! मैं पूछना ही चाह रहा था गिरीश के बारे में''। बेटी बोली, ''ये तो वो ही हैं न, जिन्होंने एक बार अपने कजिन का एक्सिडेंट होने के बाद बिना डरे अस्पताल पहुँचाया था?'' मैंने कहा, ''हाँ बेटे, ये वही हैं''। बातचीत हुई, ठहाके लगे और मैंने उसकी बात अरुण से भी करवाई। बातचीत में बहुत समय हो गया था, सभी लोग जैसे सबकुछ आज ही जान लेना चाहते थे। मैंने कहा – कल संडे है, कहीं दूर चलते हैं। वहीं बात करेंगे।

अगली सुबह बिटिया ने आई0आई0टी हॉस्टल से कुछ वीडियो भेजे थे, नाश्ते के साथ हमने उनका मजा लिया। फिर हम बोरिवल्ली के इंदिरा गांधी नेशनल पार्क चले गए। वहां उन्होंने फिर से कहा – '' अंकल, गिरीश अंकल तो बैंकर हैं न?'' मैंने कहा – ''हाँ बेटे''। हमलोग जब गोवा टूर पर गए थे, तो चुप–चुप से रहने वाले गिरीश का पूरा ट्रांसफॉर्मेशन हो गया था। उसके बाद वो भी हमारे टीनएजर सोसाइटी में आने को उत्सुक हो गया। तभी अरुण की बिटिया ने पूछा – ''अंकल! एक और थे! आप सबके कॉमन फ्रेंड नहीं थे, पर आपके बहुत क्लोज थे। उनकी भी आपकी तरह ही कम्बाइन फैमिली थी''। मैंने आश्चर्य से पूछा – ''तुम कैसे जानती हो, तुम्हारे पापा तक नहीं जानते?'' बोली – ''अंकल! मैंने आपका ब्लॉग पढ़ा था, आपने लिखा था कि उससे अच्छा इंसान आपने नहीं देखा, न फैमिली के अंदर, न बाहर''। अरुण चौंका था, बोला – ''कौन है यार? तूने बताया नहीं! यार, ये लोग तो ब्लॉग–स्लॉग पढ़ते रहते हैं, पर हमलोग तो कॉरपोरेट के आदमी हैं, अपनी लगा के बैठे हैं... बता यार, कौन है वो, कहाँ है?'' मैं भावुक हो गया था। जिसका जिक्र छेड़ा था, वो मेरी आत्मा में बसता था। कौन था? वो था हरदिल अजीज, यारों का यार, फैमिली मैन, पर अकेला, शायद बहुत अकेला, उसका नाम था – मनु। अरुण ने कहा – ''यार, ये मनु नाम का जिक्र तो हमने कभी सुना नहीं''। मैंने कहा था, ''यार, तुमलोग नहीं जानते उसको''। खाना–पीना खाने के बाद हमलोग पिकनिक से वापस आ गए और ये प्रोग्राम बना कि आज रात को गूगल मीट पर सारे दोस्तों से मुलाकात करेंगे। घर पहुँचे, आराम किया और शाम को गूगल मीट पर सारे दोस्तों को लिंक भेज दिया गया। अब सारे लंगोटिया यार साथ–के–साथ गूगल मीट में

आमने–सामने थे। यहां पर मैं, अरुण और उसकी फैमिली भी बैठे हुए थे। सबका एक–दूसरे से परिचय हुआ। हमें साथ बैठा देखकर नवीन ने अपनी पत्नी, बच्चों को, और बाकी दोस्तों ने भी अपनी पत्नी और बच्चों को बुला लिया था। अब एक बड़ी महफिल थी, सबलोग एक–दूसरे के साथ बातचीत कर सकते थे। शुरुआती परिचय के बाद पहले बीस–पच्चीस मिनट तो बातचीत में और कुशल–मंगल पूछने में ही निकल गए और उसके बाद बात शुरु हुई। अरुण ने अचानक पूछा, ''यार नवीन, हम तो मिले नहीं, ये मनु कौन है?'' ''मनोज का दोस्त, जिसको तुम लोग नहीं जानते''। बोला – ''मनोज का दोस्त? मनोज का जीवन तो एक खुली किताब की तरह है यार, उसका तो कोई दोस्त नहीं था ऐसा, हम ही हैं जो हैं''। तो बोला – ''नहीं यार, इसके ब्लॉग में किसी मनु का जिक्र है''। बोला – ''नहीं–नहींयार, कुछ गड़बड़ है, मनु का कोई जिक्र नहीं है''। तब तक अरुण की बेटी उठकर चली गई थी और अपने लैपटॉप में मेरे ब्लॉग खोजने लगी थी। वो अचानक वापस आई, बोली – ''अंकल, एक बात बताइये...''। मैंने कहा – ''हाँ बेटा, बोलो''। गूगल मीट पर सारे दोस्त उसको सुन रहे थे, उसने कहा, ''आपकी मम्मी आपको मनु बुलाती है न?'' मैं चौंका था, बच्ची होशियार थी, उसने पकड़ लिया था। ''अंकल! यानि कि आप अपनी कहानी मनु के रूप में कहना चाहते हैं?'' बच्ची लगातार खतरनाक होती जा रही थी। उधर से नवीन खिलखिला उठा, ''बेटा, आज के बच्चों को गच्चा नहीं दे सकते तुम!'' बोला – ''आप मुझसे पूछो, क्या जानना चाहती हो''। बोली – ''अंकल, सारी दोस्तों की कहानी अंकल ने बताई और अब किसी मनु का जिक्र करके अपनी कहानी बताना चाहते हैं, ऐसा क्यों?'' मैंने कहा, ''बेटा, ऐसा नहीं है!

शायद मैं अपनी कहानी आपसे कहता तो बायस्ड हो जाता, पूर्वाग्रह हो जाता। इसलिए मैंने मनु के रूप में कहानी कहने की सोची ताकि स्थितियों का विश्लेषण सही से कर सकूं नई पीढ़ी को सही गाइडेंस, सही मार्गदर्शन और सही अनुभव बता सकूं"। नवीन हम सारे दोस्तों में बहुत संवेदनशील था, समझदार भी था। उसने कहा बेटा, "इनकी कहानी इनसे मत पूछो, इनकी कहानी मैं आपको सुनाऊंगा। मैं इस महीने की ग्यारह तारीख को एक कॉन्फ्रेन्स में आ रहा हूँ, मेरी वाइफ का कॉन्फ्रेन्स है, हम मुंबई आ रहे हैं, तब आपसे मुलाकात होगी और बात करके पूरी कहानी इस आदमी की मैं आपको सुनाऊंगा, एक बहुत प्यारे दोस्त की कहानी"। अरुण की बेटी उत्साह से भर उठी। हमारी गूगल मीट फिर इधर-उधर की बातों, हंसी-ठहाकों और कहकहों के साथ समाप्त हुई और अगले दिन मैं वापस लौट गया। नवीन ने जैसा कि वादा किया था, वो ग्यारह दिन बाद मुंबई आया, बहुत आग्रह करने के बाद भी वो अरुण के साथ नहीं रुका, बोला – यार, मेरा दूसरे के साथ अपॉइंटमेंट है, मैं होटल में रुकूंगा, लेकिन मिलने आऊंगा। नवीन और उसकी पत्नी, अरुण के वहां पहुँचे। सबलोग बेसब्री से उनका इंतजार कर रहे थे। वो सुबह ही आ गया था, नाश्ता साथ करने का और रात डिनर तक का साथ था। आखिर एक कहानी भी तो कहनी थी अपने वादे के अनुसार। तो नवीन ने वो कहानी शुरु की, मेरी कहानी। नवीन मुझे कितना जानता था, ये तो उसने मेरी कहानी में अरुण की बेटी को, अरुण की फैमिली को बताया। उसने क्या बताया ये मैं नहीं जानता, लेकिन मुझे पता है कि नवीन मुझे बहुत अंदर तक, बहुत हद तक जानता था।

मेरी कहानी

नवीन ने बताना शुरु किया – मैंने घड़ी की तरफ देखा, सवा दस बजे थे। यूजुअली पोस्टमैन के आने का टाइम हो रहा था, मुझे एक्साइटमेन्ट हो रही थी। आज मनोज का चार लाइना कविता लिखा पोस्टकार्ड आने का दिन था। पिछले कई वर्षों से जैसे मुझे लत लग गई थी इन चार लाईनों को पढ़ने की, क्रिस्पी लाईनें होती थीं, सोचने को मजबूर कर देती थीं। कभी तीर की तरह दिल में चुभती थीं, तो कभी परेशान मन को हल्का कर देती थीं। मैं और मेरे जैसे कई

लोगों को चेंज कर दिया था इन चार लाईनों ने। बहुत बार मैं अपनी उदासी से बाहर निकला, बहुत बार डिसीजन बदले, हमेशा लाभ ही हुआ। हम सारे दोस्तों में इस चार लाईना कविता लिखे पोस्टकार्ड का क्रेज था। जैसे–जैसे घड़ी की सुईयां आगे बढ़ीं, मेरी बेचैनी बढ़ती गई। तभी ट्रिन–ट्रिन करती पोस्टमैन अधिकारी जी की साईकिल दिखी, वैल ड्रेस्ड, कंधे पर बैग लटकाए अधिकारी जी। उन्होंने हाथ घुमाते हुए 'कुछ नहीं है' का इशारा किया। मैं बड़ा निराश हुआ। जैनुअली आठ–नौ दिनों में पोस्टकार्ड आ जाया करता था, मगर आज तो ग्यारह दिन हो गए थे। मैं बाहर आया, चेयर पर पसर गया। आज मुझे क्यों इंतजार था उस पोस्टकार्ड का, क्यों परेशान था मैं आज? आंखें बंद करते ही पूरी पिक्चर चलने लगी, बस आंखों में धूप की रेज पड़ रही थी। आंखों में लाल–पीले फिगर्स बनते दिख रहे थे, अचानक वो ब्लैक एण्ड व्हाइट हो गए। मैंने दो बच्चों को दौड़ते देखा, धीरे–धीरे ये चेहरे साफ हो गए। वो मनोज था, साथ में दौड़ती लड़की पुष्पा थी। 1974 टनकपुर फॉरेस्ट डिपार्टमेंट का ग्राउंड और उत्तरांचल की पहाड़ियों में बसा छोटा नगर था अल्मोड़ा, जहां उसका जन्म हुआ था। उस ब्राह्मण परिवार में पुत्र जन्मा, बहुत खुशियां मनाई गईं, पर गोरे रंग का ये बच्चा बहुत दुबला–पतला था। वक्त से पहले पैदा हो जाने से बहुत दुर्बलता थी। रूई के फूल से दूध को उसके मुंह में टपकाया जाता था और रात–रातभर रोकर वो आसमान सिर पर उठा लेता था। दादा, बुआ, मां, पर दादी नहीं थीं। शांत स्वभाव के दादा को वो टकटकी लगाए देखा करता, जैसे कुछ कहने की कोशिश कर रहा हो। दादा भी प्यार से उठाकर उसे अपने सीने से लगा लेते। सबसे पहले वो बच्चा प्यार सीख रहा था, दुलार अनुभव कर रहा था। माँ

की व्यस्तता बढ़ गई, पिता तो अपनी जॉब मे व्यस्त रहते और दादा के विशाल गोद में बच्चे को देख निश्चिंत हो जाते। पिताजी का स्थानांतरण हो गया और परिवार टनकपुर आ गया। बच्चा बड़ा हो रहा था, परंतु उसे निमोनिया ने जकड़ लिया। रात–रातभर जागकर उस बच्चे की सेवा की गई। निमोनिया तो ठीक हो गया था परंतु चेहरा थोड़ा सांवला हो गया था, परंतु मुस्कुराहट बढ़ने लगी थी, किलकारियां छूटने लगीं थीं। वक्त अपनी रफ्तार से चलने लगा। पिता अपने ऑफिस में व्यस्त, दादा और मम्मी अपने बेटे में व्यस्त। रातभर रोता रहता और जागता रहता। छः माह बाद बच्चे को ताबीज पहनाया गया, किसी सिद्ध बाबा ने दिया था, तब जाकर उसे सोने की आदत पड़ी और यूँ ढाई वर्ष गुज़र गए। ढाई वर्ष बाद एक और पुत्र की प्राप्ति उस ब्राह्मण परिवार को हुई। उसी जोश के साथ उसका लालन–पालन शुरु हुआ, व्यस्तताएं बढ़ गई थीं और वक्त पूरी रफ्तार से चल रहा था। टनकपुर में जोशी जी को जो घर मिला था उसके सामने एक बड़ा ग्राउंड था, ग्राउंड से लगा छोटा दरवाजा था जिसके बाहर रेलवे ट्रैक पड़ता था, मनोज अपने दादाजी का हाथ पकड़ अक्सर रेल देखने आया करता था। रेल की आवाज़, इंजन उसे बहुत पसंद थे। गुजरती हुई सीटी बजाती हुई ट्रेनें उसे खुशियों से भर देती थीं। घर लौटकर खाना खाया, ग्राउंड में दौड़ते रहना उसका शौक था। ये उस बच्चे की दिनचर्या थी। जब बारिश का मौसम होता था, डंडे वाली साईकिल जो चलते समय घंटी बजाती थी, उसे बरामदे में चलाता था, या कभी गुड़िया हाथ में लिए रहता। उसके पास हंसने और खुश रहने का हर साधन था और सुस्ताने के लिए दादाजी की विशाल गोद। कभी जिद करता था, तो माँ की डांट। मगर लाड़–प्यार

करने वाले इतने थे कि डांट का कोई निगेटिव असर होता ही नहीं था, होता भी था तो प्यार से बैलेंस हो जाता। फिर कभी अपने पापा के साथ पतंग उड़ाता था। उसी ग्राउंड में केले का एक पेड़ था जिसमें पतंग अक्सर फंस जाया करती थी। ये केले का पेड़ उसे बहुत अच्छा लगता था। वैसे भी केले के पेड़ में, उसकी बनावट में एक जादू तो होता ही है। एक शाम मनोज ग्राउंड के दूसरी ओर गेट तक चला गया, वहां एक ट्रक खड़ा था और उसका ड्राइवर ट्रक की साइड में खड़ा था। मनोज उस ट्रक को देखने लगा। तभी ट्रक ड्राइवर उधर आया और बोला – ''अरे बेटा, कहां रहते हो?'' उसने बोला, ''सामने के घर में''। ''अच्छा! कौन–कौन हैं घर में?'' ''पापा–मम्मी, दादाजी और छोटा भाई''। ''अच्छा! तुम्हें ट्रक अच्छा लगता है न बेटे?'' ''जी हाँ, अंकल'', मनोज बोला था। ''लो, तुम ये टॉफी खाओ, हम तुम्हें ट्रक की सैर कराते हैं'', कहकर उस ड्राइवर ने दो टॉफियां निकालीं। मनोज ने हाथ बढ़ाया ही था कि पीछे से दादाजी की कड़कदार आवाज सुनाई दी – ''क्या दे रहे हो बच्चे को? निकल जाओ यहां से!'' मनोज ने दादाजी का ये रूप पहली बार देखा था, उसे समझ नहीं आया कि हुआ क्या है। ट्रक ड्राइवर ने ट्रक स्टार्ट किया और चलता बना। ''बेटा किसी से खाने की कोई चीज नहीं लेते ऐसे, ये तुम्हें अभी उठा ले जाता''। मनोज सहम गया, हँसते–खेलते बचपन में उसे पहली बार एक और भाव का परिचय हुआ। उसे क्या पता था कि ये लंबे समय तक उसके साथ रहेगा, ये भाव था 'डर'।

टनकपुर और द्वाराहाट से आकर ये फैमिली अब अल्मोड़ा सेटल हो गई थी, यहां टनकपुर का वो खूबसूरत ग्राउंड तो

नहीं है जिसमें वो अपने दादाजी का हाथ पकड़कर चला करता था, उसके मोहल्ले में वो केले का पेड़ भी नहीं है जहां उसके पापा के फुरसत के समय में उड़ाई पतंग फंस जाया करती थी, पर यहां ढेर सारे दोस्त थे, लड़के भी और लड़कियां भी जिनके साथ खेलकर वो बड़ा हुआ। बड़ा जीवंत मोहल्ला था। सेवन टाइम, सिकन्तड़ी, टायर चलाना जैसे खेल शाम को खेले जाते थे। बीच सड़क में झील झपट्टा, जिसे रूमाल झपट्टा भी कहते हैं, हुआ करता था। बच्चे खेलते और बड़े खिड़कियों से लटके हुए जोश भरते रहते थे। उस जमाने में अगर कोई उनसे पूछता – ''हाव इज द जोश?'' जो जवाब मिलता – ''एक्सट्रीमली हाई''। शाम को उन्हें दादाजी का इंतजार रहता, वो रोज मूंगफलियां लेकर आते थे। जमन दा की मूंगफलियां एक्चुअली अल्मोड़ा की धरोहर है, हुआ करती थी। फिर दादाजी के चौड़े सीने में सर रखकर, रामायण और महाभारत की कथाएं सुनना, ये उसका रूटीन था। मोहल्ले में कुछ दादा टाइप लड़के भी थे जो गाली–गलौज, मारपीट में निपुण थे। कुछ फैमिलीज ऐसी भी थीं, जो बहुत ही एरोगेन्ट थीं और छुटपुट बहस, चीख–पुकार सी हो जाया करती थी और अगले दिन महिलाओं के घर के काम निपटने के बाद, बच्चों को स्कूल भेज दिए जाने के बाद डिस्कशन में चटकारे का काम करती थी। उन दिनों आज के जैसा सिस्टम नहीं था, सात बजे स्कूल और 12 बजे छुट्टी। भात–दाल खाकर 9 बजे स्कूल जाते थे और शाम साढ़े चार बजे घर वापसी होती थी। इतना खूबसूरत माहौल, इतनी एकता! पर जहां अच्छाई होती है, थोड़ी बुराई भी होती है और थोड़ी बुराई बहुत इफेक्टिव होती है। इस मोहल्ले में दिखावा कम्पल्जन होता था जिसका प्रभाव उन बच्चों पर भी पड़ा, जिससे उनमें कॉम्प्लेक्स डेवलप होने लगे थे। कॉम्प्लेक्सेस ब्रिलियंट माइंड

के लिए ब्रेक की तरह होते हैं, कॉम्प्लेक्सेस से पर्सनैलिटी में निखार नहीं आ पाता, पर यहां सब बैलेंस था। माहौल इतना सुंदर था। रात को रेडियो पर विनोद कश्यप न्यूज रीडर की सम्मोहित कर देने वाली आवाज, जसदेव सिंह की कभी न भुलाई जा सकने वाली कॉमेन्ट्री, उस कॉमेन्ट्री के उतार-चढ़ाव में हॉकी के बेगाने मैच भी जीवंत हो जाया करते थे। जफर इकबाल, मोहम्मद शाहीद जैसे सेंटर फारर्वड जब बॉल लेकर निकलते थे, तो सुनने वालों की सांसें रुक जाया करती थीं। क्रिकेट में सुशील जोशी का यूनीक स्टाइल, चार रन, मनीष देव का सॉफ्ट अंदाज, जादुई माहौल क्रिएट करते थे। सुखेजा जी तो मनोज के पड़ोसी थे और पनवारी अंकल तो रेडियो लेकर ही अपनी दुकान को जाते थे। ये क्रिकेट का शौक ऐतिहासिक था। कुल मिलाकर ये मोहल्ला जीवंत था। मनोज से मेरी दोस्ती के बाद मेरा आना-जाना बहुत था इस मोहल्ले में, या ये कह सकता हूँ कि 'तारक मेहता का उल्टा चश्मा' में जो मैजिक क्रिएट किया गया है, एक रियल लाइफ में हमने सादगी में वो मारलिटी, वो जीवंतता रियल लाइफ में देखी है। इस मुकाबले हम आजकल के बच्चों के बचपन के मुकाबले बहुत ज्यादा समृद्ध हैं।

MOVIE : IMPACT

समय गुज़रता जा रहा था, बचपन भी खुबसूरती से अपना वक्त बिता रहा था। मैं करीब छः–सात दिनों बाद मनोज से मिलने जा रहा था। टेलीफोन इक्का–दुक्का घरों में थे, मनोज के मोहल्ले में टेलीफोन डिपार्टमेंट अभी कनैक्शन दे नहीं रहा था। प्रोग्राम पहले से फिक्स नहीं था, पर जब मैं पहुँच गया तो मुझे मनोज के चेहरे में एक अजीब–सा तनाव नजर आया। पूछने पर उसने बताया कि कल उसके ताऊजी उसेएक फिल्म दिखाने ले गए थे। वो बहुत खुशी से अपने ताऊजी के साथ मूवी देखने लीगल सिनेमा में गया था, मूवी का नाम था अर्द्धसत्य। उसमें हिरासत की मौत की प्रतीकात्मक ढंग से क्रिएट किए सीन में एक खौफनाक माहौल दिमाग में क्रिएट हो जा रहा था। मनोज उस वक्त छोटा ही था, हमलोगों की उम्र उस वक्त 10–11 साल रही होगी। उस दृश्य का भयानक इम्पैक्ट मनोज पर था और उसके प्रति उसका ये डर एक छोटे बच्चे के मन में क्रिएट हो गया था। मुझे याद है कि ये डर इतना गहरा था कि ग्रेजुएशन के दौरान मनोज की जो पहली कविता–संग्रह पब्लिश हुई थी, उसकी पहली कविता में उस

ग्यारह साल पहले का इम्पैक्ट साफ दिख रहा था। आप भी उस कविता को सुनिए और पढ़िये, उस कविता ने पुलिस की ज्यादतियों को समझाया था – "एक पुलिस वाले का बच्चा दुर्घटना में मर गया। शव–यात्रा में हर आदमी का मन आंसुओं से भर गया। एक ने पूछा – क्या हो गया? बोला – सब कर्मों का फल है! क्यों झूठी तसल्लियां देता है खुद को, कितने मासूमों पर जुल्म ढाए तूने, ये तेरे उन्हीं कर्मों का फल है!" जब भी वो कविताएं लिखता, उस कविता में कहीं–न–कहीं बचपन में देखी उस फिल्म का इम्पैक्ट नजर आता और उस इम्पैक्ट से उसकी कविताएं प्रभावित होने लगी थीं। इसीलिए कहते हैं कि बाल्यकाल में बच्चों को हमेशा अच्छे उपन्यास, अच्छी मैग्जीन्स दी जानी चाहिए। "चिलचिलाती धूप में पसीना पोंछकर फिर काम में जुटता देखा एक आम आदमी"। मनोज जोशी की इस कविता को उस जमाने में बहुत सम्मान मिला था, लेकिन मैं जानता था कि उसकी ये कविता दिल के किस कोने से आई थी –

"चिलचिलाती धूप में पसीना पोंछ के फिर काम में जुटता देखा एक आम आदमी। पुलिसिया डंडे से सहमकर अपनी सारी कमाई दे देता है एक आम आदमी। पुलिस रिकार्ड को बेहतर बनाता, उठा ले जाता एक आम आदमी, आत्म हत्या का मामला दिखाकर थाने में मार दिया जाता एक आम आदमी। आतंकी कहकर एनकाउंटर में मार दिया जाता एक आम आदमी, ड्रग्स के मामले में अक्सर फंसा दिया जाता एक आम आदमी। पुलिसिया बर्बरता का शिकार ये आम आदमी। शायद पुलिस से ज्यादा आतंकवादी से महफूज होगा ये आम आदमी।" मुझे मनोज की इन कविताओं से चिढ़ थी, मुझे लगता था कि उसका इम्पैक्ट उसे इस तरह की कविता लिखने पर मजबूर करता है, मुझे क्या पता था

कि समय के साथ ये कविताएं वक्त की कविताएं बन जाएंगी, समाज ऐसा ही हो जाएगा। मुझे याद है ऐसी एक और घटना। पिछले महीने की आखिर में मेरे वहां वो आया था। मेरे वहां उसने कॉमिक्स पढ़ी, इस मैगजीन से उसका ये पहला परिचय था। पढ़ने के बाद लम्बे समय तक उसके दिमाग में वो करैक्टर घूमते रहे थे। हर दिन के साथ वो कैरेक्टर और भी गहरे होते जा रहे थे, जीवन के भाव में उसे नए भाव का आभास हो रहा था। 15 तारीख आते–आते जब उसे पता चला कि ताज़ा अंक आने वाला है और मैंड्रिक की जादुई हीरो किस्म का है तो वो बेचैन होता गया, उत्सुकता के भाव का परिचय उस पाँच वर्ष के बच्चे को हो रहा था। दिनभर–रातभर वो लड़ाइयां, वो हिरोइज्म, वो घर उसके मन में घुमड़ते रहते थे। नकाबपोश बेताल के शहर में मिस्टर वॉकर बनकर जाना, डेकाली के वो बौने जैसे उसके संगी–साथी हो गए थे, जीवन की हर चीज बड़ी सुन्दर लगने लगी थी। अपने दादाजी, मम्मी को जब वो कहानियां सुनाता था वो भी उसकी कहानियों से रोमांचित हो जाते थे। अच्छी कहानियों से जहां उसकी रचनात्मकता बढ़ रही थी, एक विश्वास उसके अंदर पैदा हो रहा था। पढ़ने के लिए बच्चों को वीरतापूर्ण साहस से भरे साहित्य की आवश्यकता होती है, इन्हीं किताबों को पढ़ते हुए उसका बचपन बीत रहा था। छ: माह बाद किसी ने एक बाल पॉकेट दी – ''शेखू और अजगर''। किताब, शेखू नाम के लड़के की जानवरों के प्रति अगाध प्रेम को दिखाती थी। किताब में इतना सटीक ताना–बाना था कि जैसे मनोज उसमें खोता चला गया। जानवरों के प्रति उसके अंदर एक भाव पैदा हुआ, उसकी बेजुबान विवशता उसे महसूस होने लगी। किताब खत्म हुई, दिल में एक लहर उठी और वो फूट–फूटकर रो दिया, इतना

रोया कि हिचकी आने लगी, उसके दादाजी घबरा गए। मगर वो बहादुर और समझदार इंसान थे, उन्होंने समझ लिया कि इस बच्चे को किताबें बना भी सकती हैं और बिगाड़ भी सकती हैं। वो समझ गए कि भावनात्मक और कच्चे मन पर स्थिति और पुस्तकों का क्या प्रभाव हो सकता है। प्रभाव तो हो चुका था, बच्चे का मन कोमल और संवेदनशील था। दादाजी समझ गए कि बच्चा स्वयं अपने लिए एक चुनौती बनने जा रहा था। पढ़ने के लिए उसे दादाजी ने चंदा मामा, लोटपोट जैसी बाल पत्रिकाएं लाकर दीं। अच्छा लिखा उसे मिले, इसका वे पूरा ध्यान रखते थे। बच्चे की दिनचर्या अनुशासित थी, स्कूल किताबों के लिए समय निश्चित था, बच्चा पढ़ने में बहुत कुशाग्र था।

वो बरस! वो हमारा बनना

नवीन ने अरुण की बेटी को बताया – ''बेटा! ऐसा नहीं है कि जो घटना मैं आपको सुना रहा हूँ उससे केवल मनोज का डेवलपमेंट हुआ। हम सारे दोस्त साथ ही रहते थे, जो भी घटना एक के साथ होती थी, हम सब के साथ होती थी, जो विचार एक का बनता था वो हम सबका बनता था। इसलिए तुमने देखा होगा कि तुम्हारे पापा और हम सबमें एक प्रकार से कोई चीज कॉमन है, हमारा व्यवहार, हमारा नेचर सब एक है''। अरुण की बेटी ने कहा, ''हाँ अंकल, आप ठीक कहते हैं। ये जो आप कहानियां सुना रहे हैं, मैंने देखा है कि ये सादगी कितनी ज्यादा है। हालांकि मेरे पापा आप लोगों के साथ बहुत कम रहे क्योंकि वो कुछ ही समय के लिए आए थे, लेकिन वो भारत के कई शहरों में रहे हैं, लेकिन जो फीलिंग वो अल्मोड़ा के लिए करते हैं, मैं आश्चर्यचकित हो जाती हूँ। अंकल, मैं भी उस शहर को देखना चाहती हूँ जहां से मेरे पापा बने हैं। मेरे पापा हमेशा एक चीज को मिस करते रहे हैं, आपलोगों को और उस शहर को। इसका मतलब है कि कोई–न–कोई एसी बात तो थी और आज मैं जब आपसे कहानी सुन रही हूँ तो

मुझे लग रहा है वो कितनी बड़ी बात थी जिसने मेरे पापा का व्यक्तित्व बनाया। उनके जीवन में कुछ है तो वो अल्मोड़ा शहर है, कुछ है तो आपलोग हैं। वो हजारों लोगों से मिले, उनके कई दोस्त बने, इंजीनियरिंग कॉलेज में, उनके जॉब प्रोफेशन में, वो पता नहीं कहां–कहां गए, लेकिन कभी भी इस शहर को, इन दोस्तों को नहीं भुला पाए''। अरुण उसकी बात सुनकर भीग रहा था और नवीन मन–ही–मन खुशी भी महसूस कर रहा था और रूआंसा भी हो रहा था। उसने अपनी कहानी कन्टीन्यू की, ''बेटा, एक और घटना सुनाता हूँ आपको। एडम्स स्कूल में कल्चरल प्रोग्राम के लिए एक ड्रामें में हम सब लोगों ने पार्टिसिपेट किया था। मनोज को गौतम बुद्ध का रोल मिला था, जो अंगुलिमाल नाम के एक डकैत को सुधार देते हैं। देखने लायक अभिनय किया था मनोज ने, लगा जैसे वो रोल उसी के लिए बना था। ये संवेदनशीलता, ये सुधार के प्रयोग ताउम्र मनोज के साथ रहे। स्कूल सच्ची पाठशाला होती है जीवन की और ये ऐक्ट किताबों से ज्यादा इफेक्टिव था''। अरुण की बेटी ने कहा – ''अंकल, क्या मनोज अंकल को कभी प्रेम भी हुआ?'' नवीन ठहाका लगाकर हँस दिया। उसे लगा कि वो मनोज की कहानी सिस्टेमैटिक बचपन से जवानी तक की सुनाएगा, लेकिन बच्ची अधीर हो रही थी। आजकल के बच्चों को सिस्टेमैटिक कहानियों और बचपन के डेवलपमेंट पर कोई आकर्षण नहीं था। उनका आकर्षण तो रोमांचकारी, विस्मयकारी और रोमांटिक चीजों में था, नवीन की हंसी नहीं रुक रही थी। अरुण की बेटी ने पूछा, ''अंकल, आपको क्या हो गया?'' बोला – ''बेटा, कुछ नहीं। आप यंग पीढ़ी वाले बच्चे, चाहे आप हो, चाहे हमारा बच्चा हो, सब एक जैसे होते हैं। चलो, मैं तुम्हें तुम्हारे मतलब की कहानी सुनाता हूँ। प्रेम

हुआ या नहीं, तुम खुद डिसाइड करना"। कहानी सुनो —
अल्मोड़ा में अन्नी नाम के एक व्यापारी की चूड़ियों की एक
दुकान हुआ करती थी। मनोज की मम्मी और बुआ जी,
हमारी मम्मी अक्सर चूड़ियां पहनने वहां जाया करते थे। उस
दिन मैं और मनोज, मम्मी और बुआ के साथ वहां गए थे।
वो तिल वाली लड़की भी अपनी मम्मी के साथ वहां आई
थी। अचानक अरुण की बेटी ने पूछा — "कौन तिल वाली
लड़की अंकल?" नवीन बोला — "ओह! बेटा, मैं तो उसके
बारे में आपको बताना ही भूल गया। चलो पहले तिल वाली
लड़की की बात कर लेते हैं"।

तिल वाली लड़की

अल्मोड़ा का मुरली मनोहर हॉल धीरे—धीरे भरने लगा था। आज यहां भाषण का ओपन कॉम्पिटीशन था। पाँच वक्ता फाइनल राउंड तक आए थे, इनमें मनोज भी था। खुशी की बात ये थी कि ये दिवाली से ठीक पहले पड़ा था, तो सुधीर, मोहित और नवीन छुट्टियों में आए थे। सभी यारों का प्रोग्राम मनोज को चियर अप करना था। हॉल में हर उम्र के लोग आए थे। वहां दो खूबसूरत लड़कियां भी, जो बहनें लगती थीं, बैठी थीं। मोहित की नजर उनमें से छोटी दिखती

लड़की से मिली, वो एकटक देखता रह गया। लड़की ने उसे यूँ घूरता देखा, तो एक जबरदस्ती की स्माइल के साथ नजर नीचे कर ली। मोहित भी सकपका गया। उसका ये सपनीला इंद्रजाल एनाउंसर की आवाज ने तोड़ी। कॉम्पिटीशन शुरु हो गया था। इस कम्पटीशन में अपने विषय खुद ही चुनकर अपने विचार देने थे। हर वक्ता के पास सात मिनट का समय था। पहला वक्तव्य किसी विश्वविद्यालय के प्रोफेसर का था, उनका विषय था – सिनेमा, संगीत और वो ब्लैक एण्ड व्हाइट एरा। सात मिनट में उन्होंने मुंबई की वो सपनीली दुनिया, वहां की लाइफ, देवानन्द, दिलीप कुमार, राज कपूर की फिल्मों की सिचुएशन और किशोर, रफी और लता के गानों का कन्टेन्ट दिया तो सारा हॉल 5 मिनट तक तालियों से गूंजता रहा था। दूसरे वक्ता विप्रो कम्पनी के रिटायर्ड सीनियर मैनेजर थे। उन्होंने आई0टी0 में आई0आई0टीएन के यू0एस0ए0 में योगदान का जिक्र किया। तब पहली बार पता चला कि डब्लू डब्लू डब्लू की खोज भी एक इंडियन ने की थी, आई0आई0टी0 के सभी सेक्टर में 90 प्रतिशत भारतीय शामिल थे। ये सब उन्होंने फोटोग्राफ और डिस्प्ले के जरिये समझाया। ये भी बताया कि नोबल प्राइज पाने वाले से बेटर कार्य इंडियन्स का था। उन्होंने ये कहकर अपनी बात पूरी की कि विदेशिया नोबल प्राइज कमेटी हमेशा बायस्ड रही है इंडियन्स के लिए। मनोज तीसरा वक्ता था। स्कूल के जमाने से ही उसके भाषणों का डंका बजता था। अपनी शैली, पैने शब्दों के जरिये वो शब्दजाल बुन लेता था। उसका विषय था – 'भारतीय संस्कृति, छुपाया–दबाया सच'। उसने बोलना शुरु किया, दो मिनट बाद ही माहौल बदल गया। एकदम साइलेंस, केवल धीर–गंभीर आवाज, शब्दों का उतार–चढ़ाव और क्रिस्प कन्टेन्ट। उसने शुरुआत सद्गुरू के रेफरेंस से की थी कि

अकोरवाद का स्ट्रक्चर दुनिया के बनाए गए बेहतरीन स्ट्रक्चर्स में है, पर हमारी हिस्ट्री की बुक में कहां उसका जिक्र है, कहां उन वैज्ञानिक पद्धतियों का जिक्र है जिनसे असाध्य बीमारियों का इलाज संभव था? कहां वो मेडिटेशन की बेमिसाल पद्धतियां हैं? क्या पढ़ा हमने मुगलों के अत्याचार का महिमामंडन? पर जिस एकजुटता से कवियों, लेखकों और भक्ति–मार्ग के लोगों ने उन दुष्कर स्थितियों का सामना किया वो महिमामंडन क्यों नहीं है? क्यों शिवाजी की अप्रतिम वीरता, महाराणा प्रताप के युद्ध–कौशल का मात्र परिचय भर है? क्यों हमारे मंदिरों में बने हुए शानदार चिकित्सा–विज्ञान के डिस्प्ले का जिक्र नहीं किया जाता? किस एजेन्डा के कारण लोगों का माइंड सेट बदला गया? ये विषय गंभीर था, कड़वा था, एजेन्डा को एक्सप्लोर करता था। उस वक्तव्य में जैसे भारतीय पुरुषार्थ जाग्रत हो गया था। आज आतताई मुगल, बांटने वाले अंग्रेज मानो जैसे पराजित हो गए थे। मनोज ने प्रतियोगिता तो नहीं जीती, पर दिल जीत लिए और खुद दिल हार गया उस तिल वाली लड़की के हाथों। बहुत सारी तारीफों के बाद सभी यार हॉल से बाहर निकले। मोहित और मनोज दोनों खोए हुए थे। एकाएक मैंने व्यंग्य किया, बोला – ''आज दोनों साड़ूभाई चुप हैं''। फिर जोरदार ठहाका लगा, हार का गम चला गया। यारियां तो यारियां होती हैं। घर पहुँचकर मनोज ने अपनी सारी क्रिएटिविटी अपने आज की उस अनजानी मुलाकात में लगा दी, जो उस तिल वाली लड़की से हुई थी और जन्म हुआ उस कहानी का जिसने उन दिनों लोकल पेपर में बहुत सारी सुर्खियां बटोरी थीं। ''और इस कहानी की शुरुआत 'बेटा! तुम्हें पता है कब हुई?'', नवीन ने अरुण की बेटी से कहा। वो उत्सुकतापूर्वक देख रही थी। वो इस कहानी में इस तरह खोई हुई थी कि उसके सामने रखा

हुआ कॉफी का मग ठंडा हो गया था। नवीन ने बोलना शुरु किया – अल्मोड़ा में अन्नी की दुकान की बात मैं तुम्हें बता रहा था, बेटा। तो उस तिल वाली लड़की ने मनोज को जब वहां अन्नी की दुकान में देखा तो पहचानने की कोशिश की और मनोज तो जैसे चुप हो गया था। उन दिनों इतनी बातचीत हो नहीं सकती थी। अन्नी अपनी चूड़ियां दिखाने में व्यस्त था। मैंने मनोज के हाथ में हाथ रखा, एक कंपन मुझे महसूस हुआ, हाथ पसीने से गीला हो गया था। यकीन से कह सकता हूँ कि उसका चेहरा भी गर्म था और हलक सूखा हुआ था। पेट से ठंडा पानी उठता हुआ छाती तक आ रहा था। ओह माई गाड! प्रेम और श्रृंगार की ऐसी अनुभूति! पर लड़की बेपरवाह थी, हार्मोन्स के इस सी–सॉ के खेल से बेखबर। पर मनोज को किसी ने सुना हो और उसके बारे में जानना न चाहे, ऐसा हो नहीं सकता था। लड़की इंट्रेस्टेड होगी भी, तो कह नहीं सकती थी। हिल स्टेशन की एक टिपिकल लव स्टोरी जन्म ले चुकी थी, फिलहाल एकतरफा थी। उसकी माँ की खरीददारी पहले हो चुकी थी, वो जाने लगे थे। लड़की ने माँ का बैग उठाया और चलने लगी, उसने हमलोगों पर नज़र तक नहीं डाली। मगर जैसे ही वो दुकान के दरवाजे पर पहुँची, उसने पलट कर देखा। हम दोनों दरवाजे की ओर ही देख रहे थे। यूँ अचानक आंख मिली कि मनोज ने इतनी जोर से मेरे हाथ में नाखून चुभाया कि सिसकी निकल गई। ये दूसरी मुलाकात पहली मुलाकत से ज्यादा हसीन और खूबसूरत थी, अब बिना बात किए रहा नहीं जा सकता था। ऐसे में अगर कोई बातचीत का जुगाड़ बना सकता था, तो वो था खलीफा मोहित। 28 मार्च की होली थी और अभी दस दिन थे। मोहित खुद छोटी बहन के चक्कर में था, उसने कहा – ''चलेंगे होली के दिन''। हम सबके लिए अगले दस दिन इम्पेशेंट थे। हुआ यूँ कि

मेडिकल की परीक्षा की तैयारी के टिप्स के लिए छोटी बहन से मोहित का परिचय हो गया, वो एक्सपर्ट की तरह और मनोज उसका पैनलिस्ट हो गया। अब राह कमोवेश आसान थी, होली के दिन हम साढ़े आठ बजे उसके घर पहुँच गए। सफेद सलवार, सफेद कुर्ती और लाल दुपट्टे में बेहद सुंदर लग रही थी। उसके बालों की एक लट उसके माथे तक आ गई थी, मनोज ने उसको सबसे पहले गुलाल लगाया, उसने सिर्फ टीका लगाया था। उसके चेहरे का लाल गुलाल जैसे उसे बेहद दिलकश बना रहा था, मेरा उससे कोई इन्ट्रैकशन नहीं था पर उसकी अलौकिक सुन्दरता देखकर मैं भी आंदोलित होने लगा था। पर यार के छलकते हार्मोन्स के मुकाबले मैंने अपने टपकते हार्मोन पर डॉट लगा दिया। ये डॉट मेरा अपने दोस्त के लिए पहला सैक्रिफाइस था। धीरे–धीरे इन सबकी मुलाकातें बढ़ने लगीं, कभी टीचिंग के बहाने, कभी कॉफी हाउस, कभी बर्थडे पार्टी, कभी कोई सिम्पोजियम। उस दौरान मनोज एक टिन शेड में कैन्टीन एरिया के नीचे खड़ा था, बारिश का मौसम शुरु हो गया था।एक टिन शेड के नीचे वो भी बारिश के रुकने का इंतजार कर रही थी, मनोज को आते देखा, तो छाता में उसके साथ हो ली। एक छाता, रिमझिम बारिश और दो जवां दिल। इतना अच्छा डिस्क्रिप्शन और सिचुएशन तो हिन्दी फिल्मों में भी नहीं होता। रास्ते में शायद ही कोई बात हुई हो, थैंक्यू कहकर वो चली गई थी। मनोज के चेहरे का पसीना बारिश में मिलकर बह रहा था, प्यार की मीठी आंच ने उसे रचनाकार बना डाला। कविताएं, कहानियां लिखना तो उसका शौक था ही, लोकल न्यूज पेपर में उसने अपनी कहानी लिख डाली – एन्ड्योरेन्स। आप भी पढ़िये –

एन्ड्योरेन्स

शिमला का सुंदर शहर, मुख्य बाजार से थोड़ा नीचे उतरने पर हिमाचल विश्वविद्यालय का आवास गृह आता है। आज सुबह से ही मैं बहुत जल्दी में था, मुझे अपने एक प्रोफेसर मित्र के घर एक छोटे से जश्न में जाना था। पिछले महीने ही उनका विवाह हुआ था, यूँ कहिए प्रेम–विवाह हुआ था। उनकी पत्नी डॉक्टर थी। खैर, तैयार होकर मैं कुछ उपहार खरीदने के लिए शिमला की बर्फीली सड़कों पर निकल पड़ा। तापमान के अचानक गिर जाने से यहां अचानक थोड़ा हिमपात हुआ था। सुंदर वादियों को देखता हुआ, चहलकदमी करते हुए, लोगों को देखते हुए मैं बड़ा संवेदित हुआ, तभी एक बहुत बड़े बुक डिपो पर मैंने एक तस्वीर देखी। तस्वीर क्या थी, एक तैलचित्र था। एक बनी–ठनी महिला के बच्चे को कार के नीचे आने से मजदूर ने बचाया था। चित्र बहुत सुंदर था, चित्र ने मुझे अतीत में धकेल दिया। ये उन दिनों की बात थी जब मैं शौकियां तौर पर अध्यापन में रुचि लेता था। उसी दौरान करीब सात वर्ष पहले मेरा एक लड़की से परिचय हुआ। लड़की बुद्धिमान थी, बहुत मासूम और धैर्यवान लगती थी। उसकी आंखें बहुत बड़ी

नहीं थीं। जब सिर नीचे करके हंसती थी, तो उसकी दांतों की बनावट से बड़ी सुंदर लगती थी। बाल कटे थे, बांईं ओर बालों की एक लट कभी–कभार आ जाया करती थी। उसकी बातचीत के ढंग में समझाने का सपुट था। गोरे चेहरे और सुंदर होठों से उसकी सुंदरता बड़ी पवित्र लगती थी। ऊपर वाले होंठ के दाहिनी ओर एक तिल था, यूं लगता था जैसे उसके भीतर का सबसे बड़ा गुण उसकी सहनशीलता हो। जितने विचार मुझे उससे पढ़ाई के अतिरिक्त मालूम चले, बेहद अच्छे लगे। पर उस दौरान कुछ ऐसा हुआ कि मेरा संपर्क टूट गया, पर एक मेन्टर के नाते मैंने उसे यही बताया कि इंसान को धैर्यवान, विनम्र और दयालु होना चाहिए। लड़की ने मेडिकल की परीक्षा दी, मेरी बहुत इच्छा थी उस लड़की से मित्रता करने की। पहली ही दृष्टि में वो लड़की मुझे बहुत अच्छी लगी थी, पर जब ये सोचने बैठता तो मुझे ये आकर्षण बेतुका लगता। उन दिनों मैं कुछ परेशान था तो सोचा शायद इसलिए मन तृष्णा के पीछे भागना चाहता है। अंतर्द्वंद्व पर चिंतन ने विजय पायी और मैंने उस लड़की से अपने विचारों को प्रकट करने की इच्छा को दबा दिया और मित्रता का विचार त्याग दिया। उन दिनों मैंने अपना मन बहलाने के लिए एक चित्र बनाना शुरु किया था, इसी लड़की के स्वरूप को ध्यान में रखकर। चित्र क्या था, एक अच्छा खासा पार्ट्रेट बन पड़ा था। सफेद कपड़ों में सहज, बिना लीपा पोती के ये लड़की अपने हाथ उठाए हुए थी। मैं फ्लोरेंस नाइटेंगल के रूप से प्रभावित अपने इस चित्र में लड़की के उठे हाथों में एक लैंप यानि शांति का प्रतीक थमाना चाहता था। पर पता नहीं क्या बात थी कि ये चित्र पूरा नहीं बन पाता था। जब भी लैंप बनाता, वो बन नहीं पाता था। झुंझलाकर कैनवस पर चादर डालकर उसे कमरे

के एक कोने में रख दिया था। लड़की के मेडिकल में चयन होने के बाद सात वर्ष तक मैंने स्वयं को स्वयं के लिए तैयार किया। आज सात वर्ष बाद दुकान के उस पोस्टर को देखकर मुझे अपना समय, अपना शहर याद आ गया था। थोड़ी देर चलते रहने के बाद प्रोफेसर का घर आ गया था। घर के बाहर हिमपात से पड़ी ठंड के कारण ठिठुरता हुआ एक व्यक्ति दिखा। शरीर से हृष्ट–पुष्ट लगता था, पर वेशभूषा किसी पहाड़ी मजदूर की सी लगती थी। मुझे दुकान पर रखा हुआ तैलचित्र स्मरण हो आया। मुझसे विनम्रता पूर्वक उसने पूछा – ''डॉक्टरनी साहिबा से मिलना था''। मैंने सामने का गलियारा उसे दिखा दिया। मैं जब अंदर पहुँचा तो लोग हतप्रभ दिखे। गलियारे के मुंह पर खड़ा मजदूर हाथ जोड़कर गुहार कर रहा था कि ठंड लगने से उसके बच्चे की तबियत खराब हो गई है, इमरजेन्सी वार्ड की प्रार्थना लेकर वो आया है ऐसा लगता था। डॉक्टरनी की पीठ मेरी तरफ थी, वो बड़ी बुरी तरह उसे लताड़ रही थी। उसके पति यानि मेरे दोस्त सभी परम्परागत पतियों की तरह शांत खड़े थे। मजदूर, बच्चे को भर्ती करके नजर भर देखने की प्रार्थना कर रहा था। मैं बड़ा चकित था, मुझे आश्चर्य हुआ कि अपने विद्यार्थी जीवन में उस लड़की ने प्रेमचंद की लिखी कथा 'मंत्र' को शायद भुला दिया था। मुझे लगा कि पाठ्यक्रम की वो कहानियां सीखने के लिए नहीं, केवल अंक प्राप्त करने की औपचारिकताएं होती हैं। मुझसे रहा नहीं गया, मैंने कहा – ''क्या हर्ज हो जाएगा, अगर आप दस मिनट चली जाएंगी''। एक नए स्वर को सुनकर वो पलटी, पर तब तक मैं मजदूर से कहने लगा था कि अस्पताल में मेरे एक परिचित डॉक्टर हैं, वो देख लेंगे। मजदूर मुझे हजारों दुआएं देता हुआ चला गया। मेरा मित्र मेरे करीब आ गया था।

उसके हाथ में हाथ रखकर उसने पत्नी को देखा। आंखों में बरसते अंगारों में मुझे चिर परिचित चेहरा नजर आया। डॉक्टरनी भी चौंकी थी, मैं बदहवास था। मैंने सात वर्ष पहले जो शिक्षा दी थी, उनकी दशा पर मैं दुःखी था। जिस लड़की के लिये अपनी संगिनी का विचार कभी उठा था, जिसे अपने चित्र में उतारने की कोशिश की थी, वो आज इस स्वरूप में मेरे आंकलन का मजाक उड़ा रही थी। मैं आज तो बहुत दुःखी था, पर मुझे लगा कि इंसान की छठी इंद्रिय भी कितनी सक्रिय होती है। मैं सोचने लगा कि तभी मेरा चित्र बार–बार गलत हो जाता था। लैम्प बनाकर शांति के संदेश का जो चित्र मैं बनाना चाह रहा था, वो क्यों नहीं बन पा रहा। दुःखी तो था पर खुश था अपने निर्णय पर और सात वर्ष बाद अपने अधूरे चित्र के पूरा होने पर। मैंने सोच लिया था कि अपने शहर जाकर अपने उस अधूरे चित्र को पूरा करूंगा। जिन हाथों में लैम्प देना चाहता था, एक पत्थर उन हाथों में दे दूंगा जो शिक्षा, संस्कारों और दया पर चोट का प्रतीक होगा। शायद इस शाम का वही उपहार सबसे सार्थक होता। ये सोचकर अपने साथ लाए उपहार को मैंने फेंक दिया और वापस हो लिया। शिमला में रात हो गई थी।

''मनोज की इस कहानी ने उन दिनों बहुत सुर्खियां बटोरी थी, बेटा। मनोज को लगा उसकी कहानी पढ़कर वो और इम्प्रेस हो जाएगी और आप तो कितना अच्छा लिखते हैं, ये डायलॉग बोलेगी और हिल स्टेशन में प्यार की रेल छुक–छुककर चल उठेगी। पर वो भूल गया था कि हिल्स में बहुत शार्प मोड़ होते हैं। यहां डी–रेल होने की पॉसिबिलटी बहुत ज्यादा होती है। अपनी जेब के हिसाब से उसने 150 रूपये का एक कार्डिग्न खरीदा और अपने दोस्त के

साथ उसके घर चल दिया लोकल न्यूजपेपर में देने, जिसमें ये कहानी छपी थी। कहानी शायद वो पहले पढ़ चुकी थी, मिलने नहीं आई। उसकी बहन ने ही गिफ्ट रिसीव किया। चाय पीकर वो वापस आ गए। बाद में जवाब भिजवाया कि उसे कोई इंट्रेस्ट नहीं है इन सब बातों में। कहानी मेरी दीदी पर लिखी है, ये हमारे लिए तौहीन है। लव स्टोरी खत्म कर दी लड़की ने, पर गिफ्ट वापस नहीं दिया था। ऐसा प्रैक्टिकल और प्रोफेशनल अप्रोच, उफ! मेरे यार पर क्या बीती। मेरा कंधा कितना भीगा! जगजीत सिंह को कभी न सुनने वाला न जाने कितनी गजलें सुन गया, ये बताने की जरूरत नहीं है। उन्हीं दिनों उसके दादाजी का स्वर्गवास हो गया। दादाजी, जिन्हें वो बेइंतहां प्यार करता था। भावनाएं आहत हो गईं। 14 अक्टूबर, 1992 को दादाजी का रात 9 बजे स्वर्गवास हो गया था। पंडित टीकाराम जोशी जी का महापरिनिर्वाण हुआ। एक अनुशासन, कर्मठता और वात्सल्य के युग का अंत था। शायद जीवन की रंगीनियों में मृत्यु एकशाश्वत सत्य है, इसका बोध कराती रात थी वो। रात के एक बजे निकली एक भव्यश्मशान–यात्रा थी वो। अपने बस में नहीं था कुछ भी, नियति कि कठोर नियम के आगे इंसान विवश था। अपने दादाजी के बिना वो रह भी पाएगा या नहीं, ये सब मैं सोच रहा था। मगर इंसान के पास विस्मरण की शक्ति होती है, इसका बोध आज दस वर्ष बात मुझे हुआ है। इन सालों में जीवन बदल गया, समय बदल गया, मूल्य बदल गए। अपने सामने जमाने को बदलते देखा है मैंने। समाज की मान्यताएं बदली हैं, परिवेश बदला है, कुछ ने बहुत झिंझोड़ा है और कुछ ने बहुत सिखाया है। पर मेरा यार था प्रिंसिपल वाला, ऑरिजनली मजाकिया स्वभाव का था। मुझे पता था कि थोड़े समय में उसकी

ऑरिजनल्टी वापस आ जाएगी, बस थोड़ा सा प्रयास जरूरी है। हम सभी दोस्त दिनभर साथ ही रहते थे। एक दिन आकाशवाणी में एक कॉन्ट्रैक्ट—पत्र रिलीज हुआ। हमने मनोज से उसे दिलवाया और उसकी रचनात्मकता का नया आयाम शुरु हो गया।

सितंबर के महीने में दशहरे के ठीक पहले जब अल्मोड़ा में बारिश थम जाती है, आकाशवाणी ने एक कल्चरल प्रोग्राम का आयोजन किया। शहर के मुरली मनोहर हॉल मेंएंकरिंग का जिम्मा मनोज को सौंपा गया। ये वही जगह थी, जहां मनोज की अधूरी लव स्टोरी शुरु हुई थी। आज रात के फंक्शन में मनोज वहीं एंकरिंग करने जा रहा था। मुझे अजीब—सा इंट्यूशन हुआ, क्या फिर कोई लव स्टोरी? ऐं.... करके मैंने इस विचार को झटक दिया। फंक्शन में फोक आइटम्स का बोलबाला था। मनोज की एंकरिंग लाजवाब थी। तालियों की गड़गड़ाहट उसका हौसला और हमारा प्राइड, दोनों ही बढ़ा रही थी। मनोज को जो लिस्ट मिली थी उसमें अगला नाम किसी गायिका का था, शायद अंजलि नाम था उसका। उसने गाना शुरु किया। उफ! मदहोश कर देने वाली आवाज थी। पूरे ऑडिटोरियम में एक जादू—सा बिखेर दिया था उसने। बड़ी शालीनता से मुस्कुराते हुए उसने हाथ जोड़े थे। उसकी मुस्कुराहट बहुत आकर्षक थी। मनोज के उजाड़ पड़े गार्डन में फिर कुछ फूल खिल आए थे। उसने अंजलि की प्रशंसा में अपनी लिखी एक कविता पढ़ डाली। हम सबने देखा कि वो लड़की जब स्टेज से नीचे उतर रही थी, उसने मनोज को देखकर हाथ जोड़ लिए। हाथ क्या जुड़े, टूटा दिल जुड़ गया। हमें भी टास्क मिल गया था। कार्यक्रम समाप्त होने के बाद मैंने बाकी यारों से कहा, ''यार,

जरा म्यूजिकल स्टोर पर रुकना, सोचता हूँ जगजीत सिंह के कुछ और कैसेट ले लूँ''। सबने ठहाका लगाया और मनोज मन-ही-मन बुदबुदाया – ''बोसडीके''। फिर हम कहकहे लगाकर लौट लिए।

खूबसूरत रात, रातरानी फूलों की खुशबू से फैली हुई थी। चन्द्रमा धीरे-धीरे अपना सफर पूरा कर रहा था। इधर आकाशवाणी के पैक्स ने कार्यक्रम की सफलता को देखते हुए, लोक डांस का एक और कार्यक्रम आयोजित करने का फैसला किया, जो दिवाली से ठीक पहले होना था। उसकी रिहर्सल्स के लिए काफी समय था। उन्होंने मनोज से विशेष अनुराग दिखाते हुए निर्देशन और राइटिंग का काम उसके हवाले कर दिया और मनोज ने एक और फीचर लिखा – 'फिर गुनगुनाना होगा'। उसके लिए फिमेल वॉइस के लिए अंजलि का नाम सजेस्ट किया गया। शब्द मनोज के थे, आवाज अंजलि की थी। ये जादुई फीचर कई वर्षों तक आकाशवाणी में बजता रहा, नम्बर 1 की पोजीशन पर। इस दौरान दोनों बहुत पास आ गए थे। अंजलि की इच्छा एक स्टेज सिंगर बनने की थी और मनोज उसकी ये इच्छा पूरी करना चाह रहा था। ये अक्टूबर का महीना था। दिवाली के ठीक पहले का समय था। ये स्कूलों में खेल प्रतियोगिताओं का समय होता है जिन्हें हम रैली कहते हैं। कमोवेश पूरे अल्मोड़ा में जनपद में ये नाम प्रचलित था। 100 मीटर की रेस, बाधा दौड़, लौंग जम्प, हाई जम्प, पैन्टाथलन, भाला फेंक, वाद विवाद सभी तरह के खेल होते थे। पूरे जनपद की टीमें इसमें आती थीं। स्कूलों की कक्षाओं में बेंच सटाकर खिलाड़ियों के सोने की व्यवस्था होती थी। रहना-खाना तकलीफदेह होता था पर खेल का जोश इतना ज्यादा था कि दिनभर, रातभर खून में उबाली आने को होता था। पूरी

क्लास खेल के रंग में होती थी। इन दिनों पहाड़ों का मौसम भी अपनी पूरी जवानी में होता था। नीला आसमान, हल्की हवा, सामने धुले पहाड़, बर्फ की चोटियां और मैदान में कोच की सीटी की आवाज़। यूं लगता था कि जीवन भर ऐसा ही चले – यही खेल, यही दौड़, मन को अच्छा लगने वाला ये मौसम। कौन होगा जो ऐसे में अपने को कॉपी–किताबों में डुबाएगा। कॉपी–किताबों की तालाबंदी कर दी जाती थी और पढ़ाई बिल्कुल ठप हो जाती थी। यही हाल विश्वविद्यालयों का भी होता था। रैली देखने के लिए भी मनोज और अंजलि साथ जाते थे। प्रैक्टिस शुरु होती थी नाटक की, डांस की और मनोज की एंकरिंग की। और फिर वो दिन आया जिस दिन ऑडिटोरियम में वो कार्यक्रम होना था। लोकगीतों पर आधारित ये डांस शो कमाल का था। मनोज और अंजलि की केमिस्ट्री देखते ही बनती थी। इस सुपरहिट शो के बाद दोनों बहुत अच्छे दोस्त बन गए थे। उन दिनों हमारी मुलाकात मनोज से बहुत कम होती थी। जब भी होती थी, वो अपनी डायरी पढ़ाता था। उन दिनों उसको डायरी लिखने का बहुत शौक था। कॉलेज का जो लिटरेचर क्लब था, उसमें मनोज भी शामिल हो गया था। अंजलि तो पहल से ही थी। कॉलेज का ये क्लब शिमला टूर पर गया। वहां रेल की पटरियों पर दोनों अक्सर टहलने निकल जाते थे। सूखे गिरे पत्तों पर दोनों हंसते हुए बातें करके चले जाते थे। मनोज से कभी वो रचनाएं सुनने की जिद करती तो वो अपनी कल्पनाएं और कविताएं सुना देता था। दूर ऊंचे टीले पर एक सुबह वो बैठे थे। टीले से शहर दिखता था। हरे भरे पेड़ों के बीच लाल छत वाले खूबसूरत घर और हल्की धुंध। बेहद रोमांटिक मांहौल था। दीपावली के बाद का टाइम था। गुलाबी ठंड थी। मनोज ने गुड़ की चिक्की निकाली और दोनों खाने लगे। हल्की हवा, नीली धुंध, लाल छत वाले

मकान। बीच में गाय के रंभाने की आवाज और चिक्की को कटर–कटर खाने की आवाज के अलावा वहां सब शांत था। कॉलेज में जाड़ों की छुट्टियां हो गई थीं। उसने मनोज को बताया कि वो एक महीने के लिए अपने मामा के घर दिल्ली जाएगी। मनोज उदास हो गया था। आज बहुत दिनों बाद हम मनोज के साथ कॉफी हाउस में बैठे थे। बाहर हल्की बूंदाबांदी हो रही थी। ''बड़ा अकेलापन हो रहा है यार'', ऐसा मनोज बोला था। उसने कागज निकाला, बोला – ''ये लेटर लिखा है मैंने, पर पोस्ट नहीं किया''। अभी अंजलि को गए तीन दिन भी नहीं हुए थे। हमने वो लेटर पढ़ा। वो लेटर नहीं था, शुद्ध हिन्दी में लिखा एक डाक्युमेंट था। मैंने कहा – ''बेटे, इसे पोस्ट नहीं कर, ये तो लेटर कम लेक्चर ज्यादा है''। हम समझ गए थ,। मनोज आसक्त लग रहा था। पर एक्चुली में वो प्यार में पड़कर बिना रीढ़ की हड्डी हो जाने वाला व्यक्ति नहीं था। उसमें प्रेम करने की उत्कंठा तो थी पर अहम के साथ। खैर, वो लेटर कभी पोस्ट नहीं हुआ, या यूं कहूँ कि नौबत ही नहीं आई क्योंकि चौथे दिन ही वो वापस आ गई थी। आग बराबर लगी हुई थी और मनोज के ड्राइंग में रखे लाफिंग बुद्धा की हंसी और भी लम्बी हो गई थी।

नवीन की कहानी पूरी हुई। नवीन थोड़ा रुका और बोला, ''भाभी, एक कप चाय पिलाओ''। बिटिया बोली, ''अंकल! मैं आपको चाय पिलाऊंगी, ये तो बताओ क्या हुआ''। उसकी उत्सुकता देखते ही बनती थी। नवीन ने कहा, ''नहीं बेटा, अब बिना चाय पिलाए हम आपको इसके आगे नहीं सुनाएंगे''। सबने ठहाका लगाया, माहौल हल्का हो गया और एक अमर कहानी कुछ देर के लिए रुक गई थी।

वो सफर! वो नजारे!

चाय पीने के बाद अरुण के कुछ मेहमान आ गए थे और बेटी को भी उसके ऑफिस से फोन आ गया था, तो वो बिजी हो गई। फिर नवीन को जाना था, यात्रा की पैकिंग करनी थी, वो भी चला गया। वो जो कहानी उसने शुरु की थी, वो अधूरी रही। वो वापस अल्मोड़ा आ गया। इधर अरुण की बेटी के दिमाग में वो लाफिंग बुद्धा की हंसी घूम रही

थी। वो उस कहानी को पूरा जानना चाहती थी, लेकिन कभी-कभी समय विवश कर देता है। उसने पापा से कहा – ''अबकि बार हमें छुट्टियों में अल्मोड़ा जाना है, मैं देखना चाहती हूँ उस शहर को जहां आप रहे''। पापा ने ''डन'' कहा और सितम्बर महीने के लास्ट में, यानि जब नवरात्रि की शुरुआत होती है, अक्टूबर के फर्स्ट वीक में जाने का कार्यक्रम फिक्स हुआ। बेटी की जिद के आगे पापा ने रिजर्वेशन भी करा दिया था। पूरी लिस्ट बन गई थी, कि कब मिलना है, कैसे मिलना है और कहां जाना है। अरुण ने सारे दोस्तों को मैसेज कर दिया था। सबने बोला कि हम सब तुम्हें स्टेशन पर वेलकम करने आएंगे। अक्टूबर का महीना आ गया। काठगोदाम में दिल्ली तक प्लेन से आने के बाद शताब्दी से पूरी फैमिली दिन के ग्यारह बजे काठगोदाम पहुँच गई थी। शताब्दी से उतरने के बाद अरुण टैक्सी ढूंढने लगा। तभी एक आवाज सुनकर पलटा। सामने देखा तो नवीन और उसकी वाइफ हाथ हिला रहे थे। उसकी खुशी का ठिकाना नहीं रहा। उसे विश्वास नहीं था कि उसके दोस्त उसे लेने अल्मोड़ा से हल्द्वानी तक आ जाएंगे। गर्व से उसने अपनी पत्नी और बच्चों की तरफ देखा और कहा – ''देख, ये हैं मेरे शहर के लोग''। बिटिया गदगद थी। मिलना हुआ, चरण स्पर्श हुए। नवीन ने कहा – ''केवल मैं और मेरी पत्नी ही नहीं आए हैं, सारे फ्रेंड्स लेने आए हैं तुम्हें''। बिटिया बोली – ''क्या मनोज अंकल भी आए हैं?'' बोला – ''नहीं बेटा! वो तो न्यूजीलैंड गए हैं किसी काम से अपने पूरे परिवार के साथ, बेटी और वाइफ भी हैं। हमलोग हैं, मनोज अंकल से तो तुम बहुत बार मिली हो, अब इस बार हमारी मेहमान नवाजी स्वीकार करो। हम तुम्हें अल्मोड़ा शहर में घुमाएंगे और सबकुछ बताएंगे''। बेटी ने कहा – ''अंकल!

वो स्टोरी"। "बेटा, चिंता मत करो, सब होगा"। सबलोग आगे बढ़े, उन्होंने एक ट्रैवलर बुक की थी। ट्रैवलर की सभी सीटों पर सभी सवार हुए और एक कारवां चल पड़ा। गिरीश था, उसकी पत्नी थी। नवीन था, उसकी पत्नी थी। मोहित अकेला आया था, पत्नी साथ नहीं आ पाई थी। सुनील था और उसकी पत्नी थी। मनोज नहीं था और सुधीर अकेला आने वाला था लेकिन आ नहीं पाया था। उसने कहा था कि मैं अल्मोड़ा शहर के एन्ट्रेन्स पर सबका इंतजार करुंगा। खुबसूरत वादियों से गुजरती हुई ट्रैवलर चलने लगी। अरूण के लिए तो ये जैसे सपना सच हो जाने जैसी बात थी। पैंतीस बरस बाद वो इस शहर में वापस आया था। जब इससे पहले वो इस शहर में था, न तो पत्नी ही कहीं थी, न तो बच्चे ही कहीं थे और आज बच्चे इतने बड़े हो गए थे। वहां की खूबसूरती उन बच्चों से कुछ बातें करना चाह रही थी। बिटिया दीवानी हो गई थी, पहाड़ की इस अदभुद खूबसूरती को देखकर। अद्भुद जादुई माहौल था। खासकर अक्टूबर के महीनों में जब सड़कों का निर्माण होता है, तो डामर की खुशबू एक अलग ही आनंद पैदा करती है। सड़कों में जहां पर डामर हो रहा था, वहां का वातावरण एक अजीब सी फीलिंग देता है। वो सब दीवाने हो गए थे। अरुण की आंखें झिलझिला आई थीं अपने शहर की खूबसूरती देखकर। रास्ते पर पहाड़ी खाना खाया, रायता खाया, आलू खाए, नीम करौली बाबा के दर्शन किए और फिर शाम तक सभी लोग अल्मोड़ा पहुँच गए। रहने का इंतजाम मोहित के फार्म हाउस पर था, जो शहर से थोड़ा दूर कोसी के पास था। मैड़ी उस जगह का नाम था। फार्म हाउस के बारे में मैंने आपको पहले भी बताया है। ये एक बहुत खूबसूरत फार्म हाउस था। आज सबसे ज्यादा अगर कोई चहक रहा था तो अरुण चहक रहा

था। फार्म हाउस में पहुँचने के बाद सब फारिग हुए और फिर महफिलें जम गईं। सुधीर ने अल्मोड़ा के एन्ट्रैन्स पर इनको ज्वाइन कर लिया था। बच्चे सबके अपनी जगहों में बिजी थे, आ नहीं पाए थे। इन्होंने विडियो कॉल लगाया मनोज को, वाट्सऐप वीडियो कॉल। मनोज ने न्यूजीलैंड से अपनी पत्नी के साथ इस वाट्सऐप कॉल को ज्वाइन किया। उसके आश्चर्य का ठिकाना नहीं रहा, जब उसने अरुण और उसके परिवार को अल्मोड़ा में देखा। वीडियो कॉल ही बता रही थी कि वो बेचैन हो गया था। उसे लग रहा था कि वो इस वक्त न्यूजीलैण्ड में क्यों है। उसे लगा कि वो क्यों नहीं है अपने शहर में, क्यों नहीं है अपने दोस्तों के बीच। पर उस वक्त सारे दोस्तों ने उसे ढाढस बंधाया और कहा कि ये वक्त इंजाय करने गया है, अपनी फैमिली के साथ इंजाय कर, फिर मिल लेंगे। तब तक हम इसकी पूरी खातिरदारी करेंगे, पुराने जीवन को जिएंगे और तेरे लिए सारे वीडियो और फोटोग्राफ रखेंगे और तुझे भेजेंगे। उस दिन तो थकवट भरा दिन था, तो सबलोग रात दस बजे तक सो गए थे। सुबह चार बजे उठने की सभी को आदत थी, एक नवीन थोड़ा लेट उठता था। बाहर मोहित ने चाय का इंतजाम किया था। चीड़ के पेड़ों के बीच में बना हुआ उसका आलिशान घर और दूर आंखों से दिखती हुई पहाड़ी चोटियां बर्फ से लखदख लदे हुए हुए पहाड़, ये जादुई था। इस शहर में जो जुम्बिश थी, वो कहीं नहीं मिली। अरुण पता नहीं कहां–कहां गया था, लेकिन इस जुम्बिश को महसूस करके उसे अपना जीवन धन्य लगने लगा था। उसके बच्चे भी कहने लगे, ''पापा, आप जैसा बताते हैं ये शहर तो उससे भी ज्यादा खूबसूरत है''। अरुण ने कहा, ''यार, तैयार होकर चलते हैं। जहां हम जाते थे, वहीं चलेंगे''। तब तक नवीन

भी आ गया था, नवीन ने कहा – ''चिंता मत करो, आज सबने छुट्टी ली हुई है, सब तुम्हारे साथ रहेंगे। दिनभर हमलोग घूमेंगे, कसार देवी जाएंगे, चितई जाएंगे और मनोज के घर में जाएंगे। उसके घर की चाबी मेरे पास ही है। घर खोलेंगे और घर देखेंगे, जहां तुम रहते थे। जहां तुम बातें करते थे मनोज के दादाजी से, मनोज की बुआजी से, मनोज के ताऊजी से, उन सब यादों को आज तुम फिर से जियो''। अरुण बहुत एक्साइटेट था। मूली के पराठे हरे धनिये की चटनी के साथ खाने के बाद ट्रैवलर एक बार फिर से अल्मोड़ा से कोसी की तरफ को रवाना हुई और मनोज के घर के आगे रुकी। ये सब लोग अल्मोड़ा में मनोज के घर आए थे। तीन महीने से घर बंद था। नवीन ने एक साफ–सफाई करने वाले को भी साथ में लिया था। उसको आगे भेज दिया था, वो साफ–सफाई करके तैयार रखता घर को। इन सबने राशन सब्जी ले ली, आज कुछ मन अनमना सा हो रहा था। घर पहुँचकर जब कमरा खोला तो पुरानी खुशबुएं आ गईं। आज मौसम में बीते हुए जमाने की खुशबू थी एक इंट्यूशन था। नवीन ने पुरानी अलमारी खोलकरएक बत्ती वाला स्टोव निकाला। वो ठीक पोजीशन में था। उसमें केरोसीन डालना था। उसने देखा कि वहां पर एक सफेद डिब्बे में थोड़ा सा केरोसीन भी रखा हुआ है। पुराना था, पर काम कर गया। उसने स्टोव में चाय चढ़ा दी, जो स्मेल उसमें से आने लगी उसने उसे बरसों पीछे धकेल दिया। उसने एक अलमारी खोली, उस अलमारी में मनोज की एक डायरी रखी हुई थी। उसने कहा, ''बेटा, हम दोस्तों में सबकुछ कॉमन है, तुम्हारे मनोज अंकल इतने ट्रास्पेरेन्ट हैं कि उन्होंने अपनी पर्सनल डायरी तक सबको पढ़ने के लिए मुहैया कराई है। हालांकि उसमें कई ऐसी बातें भी हैं जो

बिल्कुल पर्सनल हैं, लेकिन वो हम दोस्तों से कभी, कुछ नहीं छुपाता, इसीलिए आज तक हम सारे दोस्तों की दोस्ती बरकरार है। उसने हमेशा हम दोस्तों के बीच में ब्रिज का काम किया, उसका प्यार गर्मजोशी से भरा हुआ है, उसका प्यार निःस्वार्थ है, उसका प्यार केयरिंग है''। अरुण की बेटी भी मनोज अंकल से तो मिली ही थी, उनके स्वभाव से परिचित हो गई थी। पढ़ी-लिखी बच्ची थी, वो जानती थी कि इनकी दोस्ती के क्या मायने हैं। उसने उस डायरी के शुरुआती अंश को देखा। उस शुरुआती अंश में सबलोग छतों पर जाने लगे थे। अरुण तो इधर-उधर जाकर अपनी पत्नी को बता रहा था कि यहां पर ये है, यहां पर ये है, यहां पर ये है... और वो मनोज की डायरी को पढ़ने में बिजी हो गई थी। उसे पता नहीं कौन-सी चीज दिखी, डायरी का एक पन्ना था, जिसमें लिखा था कि जब मैं घर पहुँचा तो मैंने अपनी बेटी को कोई कार्टून फिल्म देखते देखा। बिटिया बड़ी तल्लीनता से फिल्म देख रही थी। अचानक बत्ती गुल हो गई। बच्ची दौड़ते हुए अपने कमरे में आई। अपना लैपटॉप खोला, बैटरी की लाइफ तेज थी, उसने सीडी डाली और कार्टून वहां देखने लगी। आधा घंटा हुआ होगा कि बैटरी ने क्लिक-क्लिक, ब्लिंग-ब्लिंग करके बैटरी कम होने का संकेत दे दिया। बच्ची ने ''छिः'' किया और छत पर आ गई। मनोज भी पीछे-पीछे छत पर आ गया। बमुश्किल पांच मिनट गुजरे होंगे कि बच्ची फिर चली गई। बिजली का बटन दबाकर उसने देखा कि बत्ती अभी नहीं आई थी। मनोज ने दूर आकाश में देखा। सफेद बादलों में जैसे परछाईयां उसके सामने आने लगीं। उसे आसमान में रंग-बिरंगी गेंदें, बच्चों का शोरगुल सुनाई देने लगा। उसने सिर को झटका और सोचने लगा कि आज का बचपन

सिमटकर रह गया है। घर में, आस–पड़ोस ये तो जैसे बेमानी जगहें थीं। अखबारों में दिन–रात बच्चों के साथ होने वाले अपराधों की खबरें रहती थीं। माँ–बाप जरूरत से ज्यादा कॉन्शियस थे। बच्चों का जीवंत बचपन खो गया था। मनोज ने सोचा पच्चीस बरस में ये सब खो गया। उसकी आंखों में आंसू आ गए। उसने फिर आकाश की तरफ देखा। फिर बच्चों का शोर सुनाई देने लगा था। अब चेहरे भी साफ होते जा रहे थे। नरेन्द्र, ऋषि, मयंक, रवि, गुड़िया, डिब्बी, छुट्टन, प्रीति, अंजू, चर्जी आंटी, बिष्ट आंटी, बत्यानी अंकल, वो जीवंत मोहल्ला। वो उसमें खोता चला गया। वो लोग टनकपुर से अभी–अभी अल्मोड़ा पहुँचे थे। चंडाक में डर से उसकी दूसरी मुलाकात को भुला नहीं पाया था। लेटा हुआ था। ये उनके ताऊजी का घर था। दो कमरों के छोटे से घर में बहुत सारे लोग थे। उसे सुरक्षा का एहसास होने लगा। थोड़ी गरमाहट महसूस हुई, तभी दस्तक हुई। उसने पर्दा हटाया। एक आंटी चाय का लोटा लेकर आई थीं। उसने दादाजी को प्रणाम किया और बोली – मेरा नाम रमा चटर्जी है, आपके पड़ोस में रहती हूँ। आपलोग दूर से आए हैं, ये चाय लाई थी। मम्मी भी आ गईं, उन्होंने मम्मी को गले लगाया और बोलीं – दोपहर का खाना मैं ही बनाऊंगी। परिचय गहरा होने लगा था। सहयोग की भावना से मनोज की ये पहली मुलाकात थी। मनोज को याद आया वो डर, जो वो पीछे छोड़ आया था।ऐसा डर, जो उसको उस दिन उसके दादाजी ने नहीं बताया होता तो उस दिन वो पता नहीं उस ट्रक वाले के साथ कहां चला जाता। लेकिन आज इस माहौल को देखकर वो बहुत खुश था। उसे लगा कि इस दुनिया में इतना प्रेम, इतना स्नेह अभी भी है। उसे याद आया कि कैसे उस डर वाली घटना के बाद, जब उस ट्रक

वाले को उसके दादाजी ने भगाया था, वो झिझक कर नींद से उठ जाता था। जब तक दादाजी ने उसे किसी सिद्ध बाबा का ताबीज नहीं दिया, तब तक उसे नींद नहीं आती थी। धीरे–धीरे सब सामान्य हो गया था। उसे याद है कि एक दिन दौड़ते हुए किसी से टकराकर गिरा था। उठा तो एक बच्ची फ्रॉक पहने हुए उठ रही थी, शायद उसके माथे पर हल्की–सी लगी थी। मनोज ने पूछा कि तुम कौन हो, तो उसने अपना नाम बताया था। फिर दोनों साथ–साथ दौड़ने लगे। घर के लोगों से बाहर उसका ये पहला परिचय था। दोस्ती, यानि स्नेह और सकारात्मकता के साथ घर के बाहर उसका पहला परिचय। और आज वो इस मोहल्ले को देख रहा था, जहां सहयोग की ये अद्भुद भावना पनप रही थी। तब तक अरुण की आवाज आई, बेटी को आवाज लगाकर कहा – ''बेटा, कहां खो गईं आप! तुरंत नीचे आओ''। वो छत पर थी, उसने अंकल की डायरी बंद की। उसने नवीन अंकल से कहा – ''नवीन अंकल, क्या मैं ये डायरी अपने साथ ले जा सकती हूँ? मैं अंकल के बारे में और जानना चाहती हूँ, बड़ा रोचक लग रहा है''। नवीन ने कहा – ''बेटा, लेकिन इसको संभाल के रखना, ये उसकी धरोहर है, इसके बिना वो रह नहीं पाएगा, उसे अपने कागजों से बड़ा प्रेम है''। उसने कहा – ''निश्चिंत रहिए अंकल, मैं इसे अपनी जान से भी ज्यादा संभालकर रखूंगी''। उसने वो अपने बैग में पैक की थी और उसके बाद वो सब उस घर में उन जगहों पर जाने लगे जहां वो अक्सर खेला करते थे। पुराने दिनों को याद करके सारे दोस्त आज बहुत खुशमिजाज थे। फिर एक बार वीडियो कॉल हुआ। मनोज को बहुत गर्व हुआ, उसके दोस्त उसके घर आए, उसके घर की सफाई करवाई और सबलोग उस पुराने बचपन को जी

रहे हैं। उसे फिर कोफ्त होने लगी कि वो इस वक्त न्यूजीलैंड में क्यों है, वहां क्यों नहीं है। लेकिन सबने उसको फिर पिछली रात की तरह ही समझाया – ''चिंता मत कर, एक बार फिर ऐसा ही माहौल बनाएंगे''। मनोज ने कहा – ''यार, मेरी तो कब से इच्छा थी कि एक ट्रैवलर हो, सारे दोस्त उसमें ट्रैवल करें, साथ घूमें, तुम अकेले–अकेले ही वहां चले गए''। अब इसका क्या जवाब था। सबने केवल प्रॉमिस ही करना था। सबने प्रॉमिस किया और कहा – ''मनोज, चिंता मत करो, बाद में फिर चलेंगे''।

इलाहाबाद Life : UPSC तैयारी

अरुण की बेटी घर जाने के लिए बहुत एक्साइटेड थी। उसे पता था कि जो डायरी उसके पास है अंकल की, उस डायरी में उसको उसके सारे सवालों का जवाब मिलेगा, कि लाफिंग बुद्धा के हंसने के बाद कहीं पर किसी ने भी अंजलि का जिक्र क्यों नहीं किया। न नवीन अंकल ने उस कहानी को आगे बढ़ाया, न उसके पापा ने ही उस कहानी में ही कोई इंट्रेस्ट लिया। उसकी समझ में नहीं आ रहा था कि आगे क्या हुआ उस कहानी में, तो उसने कहा कि अंकल की डायरी ही उसकी मदद कर सकती है। अब उसका ध्यान उस हंसी ठहाके में नहीं था, जो सारे फ्रेंड्स के बीच लग रहे थे। उसे इंतजार हो रहा था कि कैसे वो घर जाए, जहां नवीन ने रहने की व्यवस्था की है क्योंकि पहले दिन तो वो मोहित अंकल के फार्म हाउस में रहे थे, लेकिन आज वो नवीन के साथ जाने वाले थे अल्मोड़ा के प्रसिद्ध मंदिर जागेश्वर में। वहां पर एक रेस्ट हाउस में बुकिंग थी और भगवान के दर्शन करने वो अगले दिन जाते और पहली शाम आज वहां पहुंच जाते। अल्मोड़ा से करीब 30 किलोमीटर की दूरी पर ये मंदिर था, तो उनकी जर्नी शुरू हो गई थी।

ट्रैवलर पर वो बातचीत करते हुए जा रहे थे, वो कोने में बैठ गई। उसने अपनी आंखें हल्की-सी बंद कर लीं और डेढ़ घंटे के सफर के बाद वो लोग जागेश्वर पहुँच गए। बेहद ठंड, जितनी खूबसूरत जगह थी, वहां उतनी ही ठंड थी। इन लोगों को ठंड की उतनी आदत नहीं थी, बाकी लोग तो रोज ही ठंड में रहते थे। जागेश्वर पहुँचने के बाद नवीन के एक परिचित का रेस्ट हाउस था। उसने बहुत अच्छा वैलकम किया। बहुत अच्छा पहाड़ी खाना बनाने को कहा गया। उससे तो वो पहाड़ी खाना बनाने की तैयारी करने लगा। नवीन ने उसे बताया बड़ी-भात, रायता(खीरे का) और अगर खीरा काट के हरी मिर्च के नमक के साथ दे दे, तो आनंद ही आ जाए। वो एक सुहानी ट्रिप थी। अब सब लोग अपने अपने कमरे में आराम करने चले गए। नवीन लोग, उसके पापा और दोस्त अलग बैठ गए। मम्मी फोन पर अपनी दोस्त से बतियाने लगी और उसके बाद कक्कड़ आंटी, मीना आंटी और उसकी मम्मी बाहर बरामदे में चेयर्स पर बैठ गए और चर्चा करने लगे। यश अपना कम्प्यूटर खोलकर बैठ गया। अब उसके पास समय था कि वो अंकल की डायरी पढ़ लेती, उसने डायरी पढ़नी शुरु की। शुरुआती पन्नों में तो अंकल का रूटीन था, उसके बाद ए0आई0आर0 का जिक्र था। उसमें अंकल ने लिखा था कि इस डायरी में पीछे एक सीडी भी रखी हुई है, ये एक ऑडियो सीडी है और इसमें मेरे आकाशवाणी के तमाम प्रोग्राम हैं जिनको आप सुन सकते हैं। उसको अंकल की आवाज अच्छी लगती थी। उसने उसको सुनने की ठानी, उसने यश से कहा – ''क्या थोड़ी देर के लिए अपना लैपटॉप देगा मुझे? ये सीडी देखनी है''। उसने कहा, ''हाँ, ले ले दीदी! क्या देखना चाह रही है?'' बोली – ''देखना नहीं, सुनना है''। बोला – ''मैं भी सुनूंगा,

अगर अंकल का है तो"। उन्होंने उस सीडी को लगाया और आकशवाणी में मनोज के तीन वर्ष के जिस समय उसने ऐज ए क्रिएटिव मैन गुजारा था, वो बजने लगा। पहली कहानी, जो पहला फीचर उसमें सुनाई दे रहा था उनको, वो फीचर, पुलिस एट्रोसिटीज को लेकर बनाया गया था। उसमें मनोज ने लखनऊ में हुई माया हत्याकांड का जिक्र किया था जिसमें तेरह पुलिस वालों ने एक महिला के साथ सामूहिक बलात्कार करके बहुत ही बेरहमी से उसकी हत्या कर दी थी। ये बहुत पुराना ऑडियो था। इसके बाद तो और भी वीभत्स घटना भारतवर्ष में दिल्ली में हो चुकी थी जिसके दोषियों को फाँसी पर चढ़ाया जा चुका था, निर्भया हत्याकांड के रूप में जो मशहूर है। लेकिन कमोवेश ये घटना उसी घटना से मिलती–जुलती थी, उस घटना के साथ मनोज ने अखबारों की सूचनाओं को लेकर पुलिस के लॉकअप में मृत्यु, पुलिस द्वारा सामान्य आदमी को परेशान किया जाना, रेड़ी वालों को बिना पैसे दिये खाना मांगना, मिठाई की दुकान से, फल की रेड़ी से फल खरीदना और पैसे न देना और पैसे मांगने पर मारपीट करना, ऐसी घटनाओं का जिक्र किया था। हालांकि ये फीचर बहुत अच्छा था लेकिन कहीं उसको लगा कि मनोज अंकल पुलिस को लेकर बहुत अंदर से आक्रोशित हैं, वो शायद उन घटनाओं को कुछ ज्यादा ही इमोशनली ले रहे थे और ऐसा नहीं है कि पुलिस में सारा डिपार्टमेंट ऐसा ही है, बहुत अच्छे लोग, बहुत ईमानदार लोग भी हैं, बहुत मेहनत से काम करने वाले पुलिस वाले भी हैं, लेकिन मनोज ने उनका जिक्र नहीं किया था। उसे लगा कि ये फीचर एकतरफा है। हालांकि वो अंकल की बहुत बड़ी फैन थी, लेकिन उसे लगा कि इस फीचर में अंकल बहुत बायस्ड हैं और शायद उनके अंदर का कोई आक्रोश है और

मनोवैज्ञानिक रूप से शायद ये आक्रोश इसीलिए डेवलप हुआ कि बचपन में अंकल ने वो फिल्म देखी थी और उसका गहरा असर उनके अचेतन मन पर पड़ा था। एक बच्चे को जब ऐसी फिल्में दिखाई जाएंगी, तो उसके अचेतन मन पर गहरा प्रभाव पड़ता है और ताउम्र उसके साथ रहता है। लेकिन जिन घटनाओं का जिक्र अंकल ने किया था, वो कमोवेश सही थीं, उनपर दिये गए अंकल के कन्क्लूजन भी अच्छे थे। उसका दिमाग तो तर्कपूर्ण सोच रहा था लेकिन उसके छोटे भाई का दिमाग इस तरह से नहीं सोच रहा था। वो अंकल का फैन हो गया था। उसे लगा कि अंकल बिल्कुल ठीक कह रहे हैं, उसे लगा शायद यही मैच्युरिटी है कि मेरे सोचने का तरीका थोड़ा अलग है, मेरे भाई के सोचने का तरीका थोड़ा अलग है। फीचर खत्म हुआ। सुंदर—से बैकग्राउंड म्यूजिक के बाद दूसरा फीचर शुरु हुआ। ये सात साल बाद का था। 1993 की तारीख इस फीचर में अंकल ने बोली थी और ये बहुत बेहतरीन फीचर था। इस फीचर को सुनकर उसके दिल में कुछ होने लगा। दोनों भाई—बहन एकटक उसको सुनते रहे थे, दानों ने इस फीचर को दो बार सुना। वो इलाहाबाद में जो तैयारी करते हैं स्टूडेंट्स, उनकी लाइफ पर था। अंकल ने उसका ऐसा जीवंत वर्णन किया था, जैसे वो स्वयं वहां रहे हों — शाम का समय है। दीपक और सुरेश दोनों अपने कमरे में बैठे हुए हैं। बाहर तेज गर्मी का माहौल है। दीपक ने सुरेश से कहा, ''सुरेश, चलो, जरा चाय पीकर आते हैं यार! टपरी पर जाकर समोसा खाते हैं''। बोला — ''थोड़ी देर रुक जा, अभी और स्टूडेंट्स भी आ जाएंगे''। दीपक और सुरेश सिविल लाइन्स के इस इलाके में किराए पर एक कमरा लेकर रहते थे। इस पूरे एरिया में हजारों बच्चे, जो आई0ए0एस0 और पी0सी0एस0 की तैयारी

करते थे या जूडिशियल एग्जाम की तैयारी करते थे, वो रहते थे। शाम के टाइम में सब चाय की टपरी पर इकट्ठा होते थे और दिनभर राजनीतिक चर्चाएं या देश में होने वाले इवेन्ट की चर्चाएं होती थीं चाय की चुस्कियों और समोसे के साथ। दो रुपये का समोसा और पांच रुपये की चाय। ये उस टपरी की विशेषता थी। कितने समोसे वो लोग बैठकर खा जाया करते थे। बहुत सारे स्टूडेन्ट्स सिगरेट पीते थे। सिगरेट के छल्ले बनाकर हवा में उड़ाते थे, राजनीतिक चर्चाएं होती थीं। ऐसा विद्वतापूर्ण माहौल उस इलाके में होता था। हर इंसान जो वहां से एक बार गुजरेगा, वो जरूर चाहेगा कि ईश्वर अगर उसको मानव जीवन दे तो कम–से– कम उसे एक साल तक इलाहाबाद में रहने का अवसर दे, इस तरह से स्टूडेन्ट के बीच में रहकर तैयारी करने का अवसर दे, भले ही एग्जाम में न निकले। लेकिन उस तैयारी करने का जो एक साल का समय स्टूडेन्ट्स के साथ विद्वतापूर्ण बातों में, उनके लॉजिक, उनके तर्कों पर गुजरता है, वो अल्टीमेट है। गर्ल्स और बॉइज के बीच में कोई पर्दा नहीं, आपसी बातचीत, शाम का ढलता हुआ सूरज धीरे जाता था। कभी–कभार तो वो लोग लम्बा निकल जाते थे या कभी संगम की तरफ को मुड़ जाते थे और डूबते सूरज को देखकर देर शाम तक गंगा नदी के किनारे बैठा करते थे। कभी–कभार गंगा नदी के किनारे उनको पुरातत्व भारतीय संस्कृति महाभारत के भीष्म का खयाल आता था कि किस तरह से अपनी मां गंगा से भीष्म बातें किया करते थे। उन्हें कभी–कभी ऐसा लगता था कि वो भी उसी ईरा में पहुँच गए हैं। उन्हें भारत की समृद्ध संस्कृति पर गर्व होने लगता था। फिर लौटकर आते थे इन कमरों में, इन चौराहों पर। इन चाय की टपरियों पर न जाने कितनी प्रेम कहानियां भी जन्म

लेती थीं। ऐसी ही एक कहानी अंकिता और आकाश की भी थी। आकाश वहां जूडिशियल एग्जाम की तैयारी कर रहा था। वो बारबंकी का रहने वाला था और अंकिता इलाहाबाद में आई थी उत्तराखण्ड के पिथौरागढ़ से। दोनों जूडिशियल एग्जाम की तैयारी करते थे। तैयारी करते– करते कब दोनों करीब आए, पता नहीं चला। आकाश ने एक साल बाद इस एग्जाम को निकाला। अंकिता उस साल इस एग्जाम को नहीं निकाल पाई। आकाश की पोस्टिंग ग्वालियर हो गई थी। वो चला गया। वो एग्जाम एम0पी0 जूडिशल एग्जाम था। वो उत्तर प्रदेश के एग्जाम में लगी थी लेकिन निकाल नहीं पा रही थी। प्री में होता था, मेन रुक जाता था। उन दिनों यू0पी0एस0सी0 और पी0एस0सी0 के एग्जामिनेशन में एक स्किलिंग का सिस्टम होता था, जो देखा जाए तो स्टूडेन्ट्स के साथ बहुत बड़ा धोखा था। जिस सब्जेक्ट में ज्यादा स्टूडैन्ट होते थे, उसमें पार्टिसिपेट करने वाले स्टूडेन्ट्स के निकालने की संभावना उस सब्जेक्ट से ज्यादा होती थी जिसमें कम स्टूडेन्ट पार्टिसिपेट करते थे, भले ही आपने कितना ही अच्छा किया हो। ऐसी ही एक घटना में मैथमैटिक्स का पूरा पेपर करने वाले एक विद्यार्थी के मार्क्स स्केलिंग लगने के बाद 60 पर्सेंट हो गए थे, जबकि उसने सौ मार्क्स का किया था और बहुत कम मार्क्स करने के बाद दूसरे सब्जेक्ट में, हिस्ट्री में शायद पचास मार्क्स भी वो नहीं कर पाया था। उस बच्चे का पर्सेन्टाइल नब्बे था, तो साठ पर्सेन्ट वाला स्केलिंग में पीछे रह गया था और नब्बे पर्सेन्ट वाला बाजी मार ले गया था। स्केलिंग की इस अव्यवस्था ने न जाने कितने टैलेंटेड बच्चों को पीछे धकेला और कितने ही इनकॉम्पिटेंट बच्चे अच्छी सक्सेस पा गए। सरकार ने इसपर कई कमेटियां भी बनाई, फिर भी अब इसको स्ट्रीमलाइन

करने की कोशिश की गई है। आज के पीरियड पर आप बात करते हैं, तो सिविल सर्विसेज में अब केवल एक ही सब्जेक्ट रह गया है स्केलिंग का, बाकी सब सब्जेक्ट्स डिनाय कर दिये गए हैं।यू0पी0 के एग्जाम में तो सारे बच्चों के सारे सब्जेक्ट एक से हो गए हैं। ये स्केलिंग वाला सब्जेक्ट लेने वाला फंडा चला गया लेकिन जिन लोगों को इससे नुकसान हुआ, वो बहुत सारे स्टूडेन्ट थे। शायद यही कारण था कि अंकिता एक टैलेन्टेड बच्ची होते हुए भी निकाल नहीं पा रही थी। चार वर्ष गुजर गए। आकाश के मां—बाप उसकी शादी के लिए उससे जिद करने लगे थे। वो भी तीस बरस का होने को आया था। देर में उसका सलेक्शन हुआ था। अंकिता भी छब्बीस बरस की हो गई थी। आकाश ने अपने मां—बाप से कहा कि ''मैं एक लड़की से प्यार करता हूँ, उससे शादी करना चाहता हूँ''। मां—बाप ने कोई एतराज नहीं किया। आजकल के मां—बाप आजकल के बच्चों से कोई एतराज करते भी नहीं हैं। शादी की बातें शुरु हुईं। थोड़ी बहुत आनाकानी के बाद अंकिता के मां—बाप मान गए थे और विवाह हो गया। विवाह के बाद चमत्कार हुआ। एक साल बाद ही अंकिता ने उत्तर प्रदेश जूडिसरी का एग्जाम निकाल लिया। एक सफल लव स्टोरी! आज दोनों सेशन जज के पद पर हैं — एक मध्य प्रदेश में, एक उत्तर प्रदेश में। वे एक अच्छी जिंदगी जी रहे हैं, हालांकि साथ नहीं रह पाते हैं। कभी—कभी मौका मिल पाता है, लेकिन देश की सेवा में लगे हुए हैं।

ऐसी न जाने कितनी प्रेम कहानियां इलाहाबाद की उन चाय की टपरियों में, उन कमरों में पैदा हुई हैं। जैसा महौल इलाहाबाद का है, वैसा ही माहौल कमोवेश जवाहर लाल

विश्वविद्यालय में तैयारी करने वाले छात्रों का भी है। सिगरेट पर सिगरेट फूंकते छात्रों के बीच में लगातार तैयारी को देखकरएक नशा सा रहता है। बस फर्क इस बात का है कि यहां पर ज्यादातर छात्र वामपंथी विचारधारा के हैं। ये एक ऐसी विचारधारा है जिसने हर देश का, हर मानस का, हर व्यक्ति का नुकसान ही किया है और हमारे देश का तो बहुत किया है। जिस प्रदेश में इस वामपंथी विचारधारा की सरकार रही है, उस प्रदेश में बिल्कुल विकास नहीं हो पाया। आज वो प्रदेश खस्ताहाल हैं। वहां पर इंडस्ट्री नहीं है, वहां पर अपराध बहुत ज्यादा है। वहां पर धर्मान्तरण बहुत ज्यादा है। पश्चिम बंगाल, केरल इसके जीवंत एग्जाम्पल हैं। वहां पर इस तरह की विचारधाराओं के छात्र रहते हैं। हालांकि वामपंथी विचारधारा हर यंग छात्र के अंदर बेसिक नेचर होता है लेकिन उसके बारे में तथ्य ये दिया जाता है कि अपने अंदर के वामपंथ को कूट-कूटकर पीट देना चाहिए और अपनी संस्कृति पर गर्व करने वाला छात्र होना चाहिए। वामपंथी विचारधारा का अर्थ अगर अपनी संस्कृति को गाली देना है, अपने धर्म को गाली देना है, अपने राष्ट्र को गाली देना है तो ये कैसा वामपंथ है। लेकिन इलाहाबाद में ऐसा नहीं था, इलाहाबाद में अपने राष्ट्र के प्रति प्रेम करने वाले छात्र-छात्राएं रहते थे। मैं एसा नहीं कह रहा कि जे0एन0यू0 में सारे छात्र ऐसे थे लेकिन ज्यादातर विचारधारा वहां गड़बड़ थी। हालांकि निकलने वाले छात्रों में भी वामपंथी विचारधारा के छात्र होते थे क्योंकि शायद यू0पी0एस0सी0 कमेटी में बहुत सारे लोग ऐसे थे। ये हमारे एक पॉलिटिकल नेता का गेम प्लान था तकि उसने अपनी सीट बचाने के लिए वामपंथियों की इस बात को मान लिया था कि उसे समर्थन देंगे, तो सारी सांस्कृतिक और शैक्षिक जगहों पर उसकी

नियुक्ति होगी। उस पॉलिटिकल नेता को क्या पता था कि अपनी सीट बचाने के लिए जो सबसे बड़ा कॉम्प्रोमाइज वो करने जा रही है, उससे देश का बहुत अहित होने वाला है। देश को नुकसान होने वाला है। इन जगहों पर आकर इन वामपंथियों ने संस्कृति और शिक्षा पर चोट की थी, ब्रेन वॉश करने की कोशिश की थी नए बच्चों का। वो तो भला हो इस महामानव का जो हमारा प्रधानमंत्री है इस वक्त, ''नरेन्द्र भाई मोदी'' जिन्होंने भारतीय मानस में फिर से चेतना जाग्रत की है। खैर, इस फीचर में तो 1993 का जिक्र था, नरेन्द्र मोदी का जिक्र नहीं था। ये तो श्रेया अपने दिमाग में सोच रही थी, उस फीचर को सुनते–सुनते उसके दिमाग में ये विचार आ रहे थे। फीचर तो इस कन्क्लूजन के साथ पूरा हो गया। इसके साथ कन्क्लूड कर दिया गया कि उस माहौल को जीने के लिए हर छात्र लालायित होता है, उस गोल्डन एरा को जीने के लिए, जहां पर चर्चाएं होती हैं खूबसूरती की, संस्कृति की, दोस्ती की, प्रेम की। फीचर सुनकर श्रेया को ऐसा लगा कि क्या अंकल भी सिविल सर्विसेज में जाना चाहते थे, जो उन्होंने इतना बड़ा फीचर केवल सिविल सर्विसेज पर बनाया? आकाशवाणी ने इस फीचर को सुनाया भी, कोई एडिड भी नहीं किया। उसने डायरी को आगे पलटना शुरु किया। वो देखना चाह रही थी कि अंकल का ड्रीम क्या था। उस डायरी के कई पन्नों में उसे पता चल गया कि अंकल का लिटरेचर में, ड्रामा में, संगीत में, म्यूजिक में, क्रिएशन में बहुत इंट्रेस्ट था। ब्लैक एण्ड व्हाइट एरा के जमाने का मुंबई, उसके फोटोग्राफ्स, वो गोल्डन एरा, इनका बहुत जिक्र होता था। लम्बी लिस्ट किशोर कुमार के गानों की थी, लता मंगेशकर और किशोर कुमार के डुएट गानों की थी। किशोर कुमार के पोस्टर्स को उसने अंकल के घर में

भी, जब अभी शाम को अंकल के घर से आए थे, देखा था। बहुत विशालकाय पोस्टर किशोर कुमार का अंकल ने लगाया था। किशोर कुमार के गानों में तो वैसे भी पूरी जवानी बसती है। वो सोच रही थी हमलोग तो यंग हैं, हमारे समय के किशोर दा नहीं हैं लेकिन हम सारे फ्रेंड्स भी किशोर दा के ही फैन थे। वो हर उम्र और हर युग के गायक थे, एक अद्भुत गायक। वो खूबसूरत आवाज, वो खूबसूरत गाने एक समां क्रिएट कर देते थे। उसने डायरी बंद की, अपने मोबाइल में किशोर दा के उन गानों को, जिनका मनोज अंकल ने लिस्ट में जिक्र किया था, उनको सुना – ''समां है सुहाना सुहाना, नशे में जहां है...'' बज उठा। अगले एक घंटे तक आंख बंद करके वो किशोर दा के गाने सुनते रही। यश अपने काम में बिजी हो गया था। उसका इंट्रेस्ट तो आधुनिक पॉप सॉन्ग में था, उसने दीदी से कहा – दीदी, इयरफोन लगाकर सुनिए आप। दीदी ने इयरफोन लगाया और उन गानों में मदहोश होती चली गई थी। जागेश्वर में ठंड बढ़ गई थी। उसके पापा कमरे में आए, उसने कहा – ''बेटा, खाना लगने वाला है। आज यहां कुमाऊनी खाना टेस्ट करते हैं, खिड़की बंद कर लो और पर्दा खींच लो और बाहर आ जाओ''। उसने गाने बंद किये और फिर सारे दोस्तों ने, अंकल और आंटी ने मिलकर पहाड़ी खाने का आनंद लिया। जागेश्वर की ये खूबसूरत शाम उसके दिल में हमेशा के लिए अमर हो गई।

बुआजीः मेरी माँ जैसी

खाना खाते हुए भी श्रेया का ध्यान पूरी तरह से अंकल की डायरी पर था। वो एक ही डायरी नहीं थी, कई डायरियों को जोड़कर अंकल ने वो एक दस्तावेज बनाया था। वो जानना चाहती थी आखिर उन पन्नों में क्या है। उसने फटाफट खाना फिनिश किया। चुंकि यात्रा की थी लोगों ने, ठंड भी थी, तो सब अपने लिहाफ में घुसकर सोना चाह रहे थे। सारे मित्र एक कमरे में जमा हो गए। आंटियां सारी एक कमरे में चली गईं और वो भी अपने कमरे में डायरी लेकर बैठ गई। उसने डायरी को धीरे–धीरे पलटाना और पढ़ना शुरु किया। वो उस डायरी में खोती चली गई और यूं कहूँ तो अंकलमय होती चली गई। अब वो श्रेया नहीं थी, अब वो अंकल थी, मैं थी। शाम का समय है, मैं मुंबई के ठाणे शहर में अकेला अपने कमरे में बैठा हूँ। सामने खिड़की खुली हुई है। एक हरा पेड़ विशालकाय दिख रहा है और विचारों की आंधियां जैसे मेरे अंदर चल रही हैं। मैं अकेला हूँ। इस अकेलेपन को मुझसे बेहतर कौन समझ सकता है, जिसने सारा जीवन एक संयुक्त परिवार में गुजारा हो, जिसके आसपास हमेशा दोस्तों, लोगों का जमावड़ा लगा रहता हो,

आज वो बिल्कुल अकेला था। उम्र के इस पढ़ाव पर आकर अकेलापन क्या मेरी डेस्टिनी थी? मैंने देखा कि पिछले सालों में वो सारे दोस्त जिनको लेकर हमने साथ रहने के लिए एक बड़ा प्रोजेक्ट शुरु किया था, जो अभी पूरा नहीं हुआ है, रुका पड़ा है। पिछले दो-तीन वर्षों में ही हमारी दोस्ती में जो एक वार्मनेस थी, वो कम सी हो गई है। वो क्यों कम हुई इसके बारे में मैंने बहुत सोचा। मैं अनमने मन से उठा। मैंने दो चक्कर उस छोटे से वन बी0एच0के0 फ्लैट के लगाए। कमरा क्या था, शुरु होते ही खत्म हो जाता था। उस रसोई में मैंने एक कप चाय बनाई। ये पूरा घर मेरे अपने घर के बाथरूम से भी छोटा था। खैर, मैंने चाय बनाई और उसके बाद मैं विचारों में मग्न हो गया। जब मेरी बेटी का आई0आई0टी0 में सलेक्शन हुआ था, मैं बहुत खुश हुआ। मैंने उस खुशी को अपने दोस्तों, अपने नाते-रिश्तेदारों के साथ खुलकर शेयर किया। मेरी भावनाएं थीं, एकदम खुली हुई भावनाएं। मैं जैसे प्रशंसा, खुशी, गर्व के शिखर पर था। हो सकता है मेरी ये बात किसी को नागवार गुजरी। हो सकता है किसी के अंदर आक्रोश का बीज बोया गया हो। हो सकता है कुछ ईर्ष्या भी हो। मैं ऐसा कह नहीं सकता, लेकिन मेरे अंदर तो शुद्ध भावना थी, खुश होने की शुद्धता। लेकिन शायद इसी कारण से कुछ दूरियां बढ़ गई। मैं अपनी संस्कृति, अपने भारत देश, अपने प्राचीन भारत का बड़ा समर्थक था। मुझे हमेशा ये लगता रहा था कि हम विज्ञान में, संस्कृति में, साहित्य में जितना आगे थे, हमें लूटा गया। जनमानस तक वो बात पहुँचने ही नहीं दी गई। ये सब एक एजेन्डा के तहत हुआ। मेरे साथी इतना डीप नहीं सोचते थे। उनके लिए वर्तमान ही सबकुछ था। लेकिन उनके लॉजिक किसी दार्शनिक विचारधारा को समर्थन करने या समर्थन न

करने के लिए अपर्याप्त थे। वो कुतर्क करते थे। तर्क से अगर किसी राजनैतिक विचारधारा के आप समर्थक हैं, किसी के नहीं हैं। इसके पीछे आपकी एक विचारधारा होती है। इसके पीछे आपका एक तर्क होता है। लेकिन वो अननेससरी कुतर्क करते थे। नीतियां उन्हें पसंद नहीं आती थीं, तब भी आलोचना करते थे। देशहित में कोई काम हो रहा था, तब भी आलोचना करते थे क्योंकि वो जानते थे इसकी आलोचना करनी ही है, जैसा कि आजकल देश में पॉलिटिकल पार्टियां कर रही थीं। वो प्रधानमंत्री के पीछे पड़ गई थी, अगर अच्छा भी हो रहा हो तब भी उसको गालियां देती थी। तो मुझे लगा कि यार ठीक है, एक आम आदमी ऐसा कर सकता है। लेकिन मेरे मित्र पढ़े-लिखे हैं, इनसे मुझे ऐसी उम्मीद नहीं है। इन्हें तर्कवान होना चाहिए। इसीलिए मैं विरोध करता रहा और शायद इस विरोध का मेरी उस बेपनाह खुशी का मिला जुला प्रभाव था, कि कुछ दोस्तों के बीच में वार्मनेस कम हो गई थी। लेकिन जो बहुत ज्यादा एक्सपोजर था, जो बड़े शहरों में रहे थे, कमांडर था, बड़े शहर में रहा था, बड़ा सोचने वाला था, वो इन सब बातों से मुक्त था, डॉक्टर था, रात-दिन पेशेंट से मिलता था। उसकी विचारधारा अलग थी। वो इनसे अलग था। लेकिन मैंने इन छोटी बातों को नहीं समझा। दुःख मुझे जरूर होता था उस वार्मनेस के कम होने का। मुझे लगा कि क्या हमारा लंगोटिया यारों का वो प्रोजेक्ट, वो साथ रहने का, जो हमने हाउसिंग सोसाइटी बनाने की कल्पना की है, जिसका काम चल रहा है, क्या कभी पूरा हो पाएगा? इसी जद्दोजहद में मैंने अपनी चाय पूरी की और फिर आंखें बंद करके मैं अपने चिर परिचित काम में डूब गया – अपने अतीत में, अपने बारे में, अपने परिवार के बारे में सोचने में। तभी पड़ोसी के यहां से गाने

की आवाज सुनाई दी – ''तू जहां–जहां चलेगा, मेरा साया साथ होगा...''। मुझे अचानक अपनी बुआ की याद आ गई। मेरी स्वर्गीय बुआ। मेरी शानदार बुआ। प्रेम और वात्सल्य की प्रतिमूर्ति थी। भगवत् भजन में विश्वास करने वाली एक देवी थी वो। आज भी उनको याद करता हूँ, तो आंखें नम हो जाती हैं। माँ से भी ज्यादा प्यार देने वाली, सारा बचपन हम बच्चों का उन्हीं की गोद में बीता। पेशे से वो एक शिक्षिका थीं, अपने स्कूल जी0जी0आई0सी0, द्वाराहाट की सबसे प्रसिद्ध शिक्षिका। पुराने लोग आज भी उनको नहीं भुला पाते। हर छोटे बच्चे पर उनका वात्सल्य, हर मिलने वाले पर उनका हाथ जोड़कर प्रणाम। वो एक महामानवा थी। वो सच में एक देवी थी। बचपन से हमने जितने भी संस्कार सीखे, जितनी भी रिश्तेदारी सीखी, उन्हीं से सीखी। रिश्तों को कैसे निभाना चाहिए, कैसे रहना चाहिए, उनसे सीखा। भगवान की भक्ति तो वो दिल से करती थी। उनके भजन जैसे आज भी हमारी आत्मा में गूंजते हैं, हमारे कण–कण में मौजूद हैं। जिस तल्लीनता से वो ईश्वर के भजन गाती थीं, वो देखते ही बनता था। वो एक महान लोक गायिका थीं। जन्मदिन हो, छठी हो, नामकरण हो, विवाह हो... कौन सा ऐसा गीत था, जो वो नहीं जानती थीं। बड़े–बड़े समारोह में उन्हें बुलाया जाता था। उन्होंने अपनी जिन्दगी को सम्मान, पूरी संस्कृति के साथ जिया, पूरा आनंद लिया। वो अपने को कभी बुजुर्ग नहीं मानती थीं। हमेशा यंग रहती थीं और वो हमेशा कहती थीं – बस मैं खुश रहना चाहती हूँ जीवन में। कभी कोई भयंकर बीमारी नहीं होनी चाहिए। वो खतरनाक बीमारियों से डरती थीं और हम भी हमेशा भगवान से प्रार्थना करते थे कि उनके जीवन में कभी कोई समस्या न आए। मैं जब भी भगवान के मंदिरों में जाता था, जिस भी मंदिर में जाता था,

मेरे अंदर से आवाज निकलती थी – ''भगवान! मेरे पापा–मम्मी, बुआ की रक्षा करना, मेरे दादाजी को अमर कर देना''। ये एक दिल से निकली हुई भावना थी। मुझे क्या पता था जीवन कितना कठोर है, वो एक दिन आपसे अपनों को छीन लेता है बारी–बारी से और इस जीवन में फिर आप इस जद्दोजहद के लिए अकेले रह जाते हैं। केवल यादें रहती हैं और कुछ नहीं रहता। मुझे याद है कि रैली के दिनों में जी०जी०आई०सी०, द्वाराहाट की टीम लेकर बुआजी अल्मोड़ा आती थीं। सारे जनपद की प्रतियोगिताएं होती थीं अल्मोड़ा के ग्राउंड में। हम घर से खाना बनाकर शाम को बुआ जी के लिए लेकर जाते थे। बुआजी को स्टूडेन्ट के साथ ही रहना पड़ता था, इसलिए वो घर नहीं रह सकती थीं। जी०आई०सी०, अल्मोड़ा के कक्ष में बेंच को एक साथ सटाकर बिस्तर लगाया जाता था। टीचर और स्टूडेन्ट, दोनों वहां रहते थे। स्टूडेन्ट बुआजी को बहुत अच्छा मानते थे। बुआजी उनकी प्रेरणा स्त्रोत थीं। रैली के दिनों में 100 मीटर की रेस हो, 1500 मीटर की रेस हो, भाला फेंक हो, लॉन्ग जम्प हो, आखिर ऐसा कौन–सा खेल था जिसमें बुआजी ने बच्चों को ट्रेन्ड न किया हो, प्रेरणा न दी हो और उन्होंने जी०जी०आई०सी०, द्वाराहाट के लिए मेडल न जीता हो। गांव की मासूम बच्चियां बुआजी की प्रेरणा से वो दौड़ लगाती थीं कि अल्मोड़ा जैसे शहर में पढ़ने वाली लड़कियां दातों तले अंगुलियां दबा लेती थीं। उनका कोई मुकाबला नहीं था। कोच क्या होता है, ये बुआ से हमने सीखा। स्नेह और प्यार से कैसे किसी की प्रतिभा को निखारा जा सकता है, ये हमने अपनी बुआ से सीखा। आखिर कौन–सी ऐसी चीज है जो हमारे व्यक्तित्व में रही जो एक अच्छे नागरिक को चाहिए, वो हमने सब अपनी बुआ से सीखा। लोक संस्कृति, पारिवारिक

प्यार, पारिवारिक वात्सल्य को समर्पित था बुआ का जीवन।
उन्होंने हम बच्चों के मोह में कभी विवाह नहीं किया। वो
हमारे साथ हमारी माँ बनकर रहीं। हमने भी पूरी कोशिश की
उनको स्नेह और सम्मान देने की। संयुक्त परिवार में कभी
विवाद हो भी जाता है, हो सकता है कभी बुआ का दिल भी
दुःखा हो लेकिन मैंने पूरी कोशिश की, हम सब भाईयों ने
कोशिश की कि उनको हमेशा खुश रखा जाए। वैसे तो हमने
उन्हें खुश क्या रखा, उन्होंने ही हमें हमेशा खुश रखा। हमेशा
उन्होंने दिया, कभी लिया नहीं किसी से। लेकिन जब वो
बुजुर्ग हो गईं और बीमार पड़ गईं, तो हम बहुत उद्वेलित
हो गए थे उन दिनों। उनको इलाज के लिए दिल्ली भी ले
गए, बेहतरीन डॉक्टर्स के पास भी ले गए, लेकिन शायद वो
उनके जीवन का अंतिम संघर्ष था। उन दिनों हम सब बहुत
भावुक हो गए थे। उनसे जुड़ी हुई एक–एक बात हमको
याद आ रही थी। वो प्यार, वो स्नेह, वो वात्सल्य, वो
पिकनिक पर ले जाना, वो बहुत सारी पिक्चर्स उनके साथ
देखना, वो उनके बचपन की लोरियां, उनके गाने, उनका
लोक संगीत, वो शादियों में उनका बेपनाह खुश होना, मेरी
शादी में उनका डांस, बीनू की शादी में उनका डांस, वो
ढोलक की थाप, वो सब खत्म होने वाला था। एक युग का
अंत होने वाला था। मैं आज आपके सामने अपने नॉवल में
आप तक ये भावनाएं पहुँचा रहा हूँ, आप मेरे शब्दों से समझ
सकते हैं कि हम कितना पीड़ित थे। मेरे शब्दों से समझ
सकते हैं कि हम पर क्या गुजर रही थी। चार मई की रात
एक युग का अंत हो गया। महान् संस्कृति और वात्सल्य का
अंत। लेकिन जीवन तो आगे चलता रहता है। बहुत
उद्वेलित हो गया था मैं, इसीलिए 2014 में मैंने हल्द्वानी
शहर छोड़ दिया और गोवा चला गया। मुझे लगा कि शायद

बहुत ज्यादा व्यस्त रहूँगा तो भावानाओं पर नियंत्रण कर लूंगा। और ऐसा ही हुआ। मैंने जीवन में कभी अकेले संघर्ष नहीं किया था लेकिन मैंने खाना बनाना सीखा, रसोई मैनेज करना सीखा, अकेले रहना सीखा, शुरुआती घबराहट के बाद मैंने उसपर काबू पाया। मेरे अन्दर आत्मबल आया, मेरे अन्दर आत्मविश्वास आया, मेरे अन्दर चीजों को समझने की शक्ति आई। गोवा जैसे खूबसूरत शहर में मेरी जिंदगी चल निकली। लकिन मैं अपने उसूल, अपने सिद्धांत कभी नहीं छोड़ पाया। मेरे पास इतना पैसा था कि मैं मोबाइल लेता लेकिन मैंने अपने छोटे मोबाइल में, जिसका ढक्कन निकल गया था, उसको रबर बैंड से बांधकर सालभर खींचा। इस बात की परवाह नहीं की कि मेरे उस मोबाइल से बात करते समय कोई मुझे देखेगा तो कहेगा कि कैसा मोबइल इसने रखा है क्योंकि मुझे लगा कि मैं मेरे घर के बाकी सदस्यों को भी मोबाइल नहीं दे सकता तो मैं अपने मोबाइल को भी नहीं बदलूंगा। जब मैं इस योग्य हो गया कि मैंने सबके लिए मोबाइल लिया, तभी अपना मोबाइल बदला। मैं अपने परिवार के प्रति इस अदभुत प्रेम के इस सिद्धांत को कभी नहीं छोड़ पाया, कभी नहीं बदल पाया। अब शायद मेरे जीवन की सबसे बड़ी पूंजी यही है। गोवा में स्टूडेन्ट्स का मुझे अदभुत प्यार मिला। मैंने अपने जीवन के सबसे सर्वश्रेष्ठ बैच को वहीं पढ़ाया। आई0आई0टी0 की तैयारी करने वाले वो स्टूडैन्ट्स कितने रिस्पेक्टफुल थे, मैं बता नहीं सकता। गोवा के वो दो वर्ष मेरे जीवन के खूबसूरत वर्षों में से थे। मेरे परिवार के सारे सदस्यों को मैंने गोवा इन्वाइट किया। उन्हें गोवा की सैर कराई। मुझे बड़ी खुशी हुई जब मेरे पापा समुद्र के किनारे रस्सी पकड़कर बच्चों की तरह खिलखिलाकर एंजॉय कर रहे थे, लेकिन कहीं–न–कहीं बुआजी के न होने की

टीस हमेशा रही। हालांकि मैंने बुआजी को भी हवाई जहाज की सैर कराई थी। मुंबई घुमाया था। कर्त्तव्य की पूरी कोशिश मैंने की थी, इसकी मुझे संतुष्टि थी। लेकिन कहीं लगता था कि कम हो गया, और करना चाहिए था। मुझे और घुमाना चाहिए था। ये मैं आज सोच रहा हूँ, उस वक्त की परिस्थिति, उस वक्त की मानसिक स्थिति, उस वक्त की मेरी अनुकूलता, उस वक्त की मेरी औकात के हिसाब से मैं जो कुछ कर सकता था, मैंने किया। कभी–कभी मुझे लगता है कि मुझे गिल्ट क्यों होती है, मुझे तो गर्व होना चाहिए उन चीजों पर, जो मैंने किया। लेकिन शायद मैंने अपने व्यक्तित्व को बहुत ज्यादा ओवरथिंकिंग से संकुचित कर लिया था। श्रेया ने देखा इनवर्टेड कॉमा के साथ पैराग्राफ बंद था और अगला पन्ना छूटा हुआ था। श्रेया की आंखों से आंसू टपक गए, उसने मनोज की बुआजी को कभी नहीं देखा था। फोटो तक नहीं देखी थी। लेकिन इस पैराग्राफ को पढ़कर उसे लगा कि वो उन्हें साक्षात देख रही है। उसकी आंखें भीग आईं, उसे लगा कि अगर वो आज इस पूरी डायरी को पढ़ेगी तो शायद सो नहीं पाएगी। इमोशनल सेटबैक भी हो सकता है। डायरी के अंदर बहुत उत्सुकता थी। वो तो डायरी ये सोचकर खोली थी कि उस लड़की का क्या हुआ। उस अंजली का क्या हुआ जिसका जिक्र उस उपन्यास में है, उस डायरी में है? लेकिन वो तो किसी और ही दुनिया में जा रही थी। और न जाने कितने भावनात्मक पल इस डायरी में आने वाले थे। उसने डायरी बंद की और नम आंखों से सो गई और थोड़ी देर में उसे नींद आ गई।

अचानक कुत्तों के भौंकने से श्रेया की नींद खुल गई। उसने लाइट का बटन ढूंढा, पर बिजली नहीं थी। उसने

देखा कि बगल से भी बोलने की आवाजें आ रही हैं। उसने कहा, ''मम्मी, क्या हुआ? पापा, क्या हुआ?'' उन्होंने कहा – बेटा, उठ गईं? जल्दी आओ, बाहर आओ। सब उधर वाले कमरे में गए। सब खिड़की के पास से देखने की कोशिश कर रहे थे। एक अजीब–सी बदबू सी आ रही थी। ऐसा लगता था जैसे कहीं पब्लिक यूरेनल में खड़ी है। उसने कहा – ''पापा! स्मेल किस चीज की है''। तो नवीन अंकल ने जवाब दिया – ''बेटा, बाघ आया है बाहर। जब बाघ आता है तो ऐसी ही स्मेल आती है''। एक्साइटमेंट से ज्यादा उसे डर लगा। बाहर देखने की कोशिश की, तो अंधेरा था। तभी उसे गुर्राने की आवाज सुनाई दी और दूर से कोई डील–डौल वाला बड़ी आकृति का जानवर दिखाई दिया। ये शायद बाघ था। उसने पहली बार इतनी करीब से बाघ को देखा था, हालांकि वो बंद दरवाजे के अन्दर थी, लेकिन प्राण हलक में अटक गए। ऐसा भयावह मंजर था। जिस जानवर का डर हर इंसान के मन में बचपन से होता है, वो आज साक्षात् उसके सामने चला जा रहा था। बाघ ने उस कम्पाउंड का एक चक्कर लगाया और फांदता हुआ जंगल की ओर चला गया। उसने अंकल से पूछा – ''अंकल ये यहां क्यों आता है?'' वो बोले – ''बेटा, ये कुत्तों की खोज में आते हैं। कुत्तों को मारना बाघ की टेंडेन्सी होती है। वह कुत्तों को उठा ले जाता है''। उसने बोला, ''पापा, क्या ये इंसान को नुकसान नहीं पहुँचाते?'' वो बोले, ''बेटा, ये नरभक्षी नहीं हैं, तो उतना नुकसान नहीं पहुँचाते, लेकिन फिर भी सावधान तो रहना ही पड़ता है। जाओ, अब कमरे में जाओ। सो जाओ''। पापा के आदेश पर वो कमरे में आ गई, पर अब आंखों में नींद कहां थी। तब तक लाइट भी आ गई थी। उसने अपना टेबल लैंप जलाया, बगल में यश गहरी नींद में सोया था, उसे इस

घटना का कुछ पता नहीं चला, वैसे भी वह घोड़े बेच कर ही सोता था। सोना और खाना उसको बहुत प्रिय थे। उसने फिर अंकल की डायरी निकाली और फिर पढ़ना शुरु किया। उसने देखा कि यहां पर अंकल ने जो लिखा है, उसमें कहीं–कहीं पर पानी की कुछ बूंदें पड़ गई थीं और राइटिंग एकदम साफ समझ में नहीं आ रही थी। कुछ अक्षर मिट से गए थे, मगर जो भी था उसने पढ़ना शुरु किया। जिक्र डॉ0 डी0के0 पाण्डे जी का था। उनके प्रारंभिक परिचय के बाद एक घटना का जिक्र किया गया था। मेहुआ नाम का एक आदमी दर्द से कराहते हुए डॉ0 साहब के केबिन में आया। डॉ0 साहब उस वक्त प्राथमिक चिकित्सा केन्द्र, गढ़वाल में थे। सर्जरी करने के बाद उनकी ये पहली नियुक्ति थी। उस प्राथमिक चिकित्सा केन्द्र में कोई सुविधा उपलब्ध नहीं थी। वो आदमी कराहता हुआ उनके पास आया, तब डॉ0 साहब अकेले थे। रात करीब सवा ग्यारह बजे का वक्त रहा होगा। उसके साथ एक और आदमी था। बोला – सर, इसके पेट में बहुत तेज दर्द हो रहा है। डॉ0 साहब ने उसे लेटने को बोला। हाथ लगाया, तो उन्हें संदेह महसूस हुआ। उन्होंने कहा – ''बेटा, इसका तो ऑपरेशन तुरंत करना पड़ेगा, शायद अपेंडिक्स में कोई दिक्कत आ रही है, इसे बाहर ले जाओ''। उसने बोला – ''सर, इस अंधेरी रात में इतनी दूर गांव से मैं इसको बाहर कहां ले जाऊंगा''। डॉ0 साहब को भी लगा कि उस मरीज की जान खतरे में है। बाहर जाने से पहले ही उसका अपेंडिक्स फट गया तो उसकी मौत हो सकती है। डॉ0 साहब एक महामानव थे। उन्होंने आनन–फानन में उससे कहा – ''यार! जितनी मेरे पास सुविधा है, मैं इसे बचाने की कोशिश करूंगा, तुम उस पतीली में पानी गरम करो''। डॉ0 साहब के पास एक नया

ब्लेड रखा था, टोपाज का। उन्होंने उसी ब्लेड को सहारा बनाकर गरम पानी में डुबाने के बाद उस मरीज का ऑपरेशन शुरु किया। एक ब्लेड से एक सर्जन द्वारा किया जाने वाला ये एक बहुत ही खतरनाक और रिस्की ऑपरेशन था, लेकिन मौत तो मजदूर की होनी ही थी। डॉ0 साहब ने उसकी आंतों को गरम पानी से धोया और फिर उनके बैग में जो स्टिचेज थे, उनसे स्टिच करके उसे छोड़ दिया। फिर आवश्यक दवाएं दे दीं और उससे कहा, ''यार! ये आज भगवान भरोसे है। या तो ये खतरे में है या मैं खतरे में हूँ। मैंने अपनी तरफ से डॉक्टर का कर्त्तव्य निभाते हुए इसकी जान बचाने की पूरी कोशिश की है, मेरे हाथ में कितना जादू है ये ईश्वर जानता है''। सुबह उस मरीज को होश आ गया था और धीरे–धीरे उसकी सेहत में सुधार होने लगा। सात दिन डॉ0 साहब ने उसको अपनी निगरानी में रखा और उसके बाद आवश्यक हिदायत देकर विदा कर दिया। न जाने ऐसे कितने ऑपरेशन डॉ0 साहब ने अनउपलब्ध साधनों से किए थे, न जाने ऐसे कितने मरीज डॉ0 साहब के पास जीवन बचाने के लिए आए थे और उन्होंने उनका जीवन बचाया था। मेरा परिचय जब डॉ0 साहब से हुआ तब मैं शायद दूसरी या तीसरी कक्षा में पढ़ता था, जब मम्मी मुझे लेकर उनके पास गई। उससे पहले डॉ0 कर्नाटक के पास मेरे दादाजी मुझे ले जाया करते थे, जब भी खांसी–जुकाम या मियादी बुखार आया। डॉ0 कर्नाटक बहुत बुजुर्ग थे और वो एक लाल रंग की दवा, जो मीठी होती थी, देते थे। उसी से हमारा इलाज होता था। फिर डॉ0 कर्नाटक नहीं रहे, तो मेरी मम्मी ने डॉ0 साहब के पास ले जाना शुरु किया। डॉ0 साहब उस जमाने में बहुत तेज स्वभाव के थे, सीधे मुँह किसी से बात नहीं करते थे। फिर मम्मी भी हमारी जिद्दी

थीं। वो डरती ही नहीं थीं। बोलती थीं – डॉ0 साहब, आप कितना भी डांटेंगे, मैं आपके पास से नहीं जाऊंगी। डा0 साहब भी उसके अपने प्रति समर्पण को देखकर चौंक गए थे और तब से हमारे डॉ0 साहब के साथ पारिवारिक संबंध हो गए। डॉ0 साहब उन दिनों अपने घर पर ही पेशेंट को देखा करते थे और छोटे–मोटे ऑपरेशन घर में ही कर दिया करते थे। धीरे–धीरे डॉ0 साहब से हमारी प्रगाढ़ता बढ़ती चली गई। एक समय तो ऐसा आया कि डॉ0 साहब का ज्यादा समय हमारे ही साथ, हमारे ही घर में बीतने लगा। हर दिवाली, त्यौहार में डॉ0 साहब का आना जैसे एक जरूरी चीज बन गई थी। वो मेरे परिवार के सदस्य के रूप में शामिल हो गए थे। मैं उनमें अपने पिता की ही छवि देखता था, ऐसा गहरा रिलेशन था। मेरा पूरा दिन डॉ0 साहब के साथ बीतता था। मैं जिन दिनों तैयारी कर रहा था, सुबह 10 बजे से ही डॉ0 साहब के यहां चला जाता था। या मुझे कभी कॉलेज जाना होता था, तो डॉ0 साहब के यहां होते हुए जाता था। उन्होंने अपना क्लिनिक शिफ्ट कर लिया था। अब वो स्टेशन के पास आ गए थे, तो कॉलेज से आते–जाते उनके पास बैठना हो जाया करता था। देखा जाए, तो कई सालों तक प्रत्येक दिन के कई घंटे मैं डॉ0 साहब के साथ बिताया करता था। मेडिकल की कई बारीकियां बिना प्रोफेशनल डिग्री के मैंने सीख ली थी। दवाईयों का ज्ञान मुझे उनके साथ बैठकर ही हो गया था, जिसने जीवन में कहीं–न–कहीं मुझे फायदा पहुँचाया, नुकसान भी पहुँचाया क्योंकि जब आप मेडिकल सांइस मे पढ़ते हैं और आप एक नॉन–मेडिको हैं, उस तरह से आपकी परवरिश, उस तरह से आपकी अपब्रिंगिंग नहीं हुई है, फिर आपको शक भी होने लगता है। लेकिन डॉ0 साहब हमेशा साथ थे, उनका

मार्गदर्शन हमेशा बना रहा। कई बार तो मैं डॉ0 साहब को ऑपरेशन में उनकी मदद भी कर देता था। किसी बच्चे की हड्डी बैठानी हो, तो उसको क्लोरोफॉर्म से बेहोश करते थे। बच्चा टांगें हिलाए नहीं, इसलिए डॉ0 साहब उसकी टांगें पकड़ने के लिए कहते थे। मैं मुंह उधर कर लेता था क्योंकि मुझसे यह सब देखा नहीं जाता था, लेकिन डॉ0 साहब की स्किल पर पूरा भरोसा था और मुझे नहीं लगता कि डॉ0 साहब ने जीवन में कभी कोई गलती की होगी। मैंने ऐसे–ऐसे केस डॉ0 साहब के वहां आते देखे, जो बाहर के पेशेंट थे, जो बाहर के डॉक्टर्स के इलाज से निराश हो जाते थे, वो भी डॉ0 साहब के पास दिखाने आते थे और डॉ0 साहब उनकी समस्या दूर कर देते थे। जिस बिमारी को एम्स के बड़े–बड़े डॉ0 नहीं पकड़ पाते, डॉ0 साहब पकड़ लेते थे। ये डॉ0 साहब की स्किल थी और कितना महान डॉ0 था वो, जिसने अपनी शानदार स्किल को भुनाने की बजाय, केवल दस रुपये की पर्ची पर गांव वालों को इलाज मुहैय्या करना स्वीकार किया था। न जाने गांव के कितने लोग थे, जिनका डॉ0 साहब पर अटूट विश्वास था। उनके लिए डॉ0 साहब एक भगवान थे। डॉ0 साहब को इसपर गर्व होना चाहिए था, लेकिन वो इस घटना से गौरवान्वित नहीं थे। उनकी प्रशंसा होती थी, उनका सम्मान होता था, लेकिन पता नहीं वो किस बात से पीड़ित रहते थे। उन्हें लगता था कि वो बहुत कुछ कर सकते थे। एक तरफ तो वो बहुत अच्छा काम कर रहे थे, दूसरी तरफ उन्हेंये लगता था कि उनका अपना क्लिनिक होता, ये होता, वो होता, मतलब वो कहीं से अपने जीवन से मेटेरियलस्टिक भावना को भी नहीं निकाल पाए और सेवा की भावना को भी नहीं निकाल पाए। इस अंतर्द्वंद में वो सेवा भाव में ज्यादा गहरे बैठे, उस सेवा से उन्हें प्रसन्नता तो

मिली लेकिन शायद संतुष्टि नहीं मिल पा रही थी। जो भी था... एक आम, गरीब इंसान को एक शानदार इलाज तो मिल ही रहा था। वो एक हस्ती थे अल्मोड़ा की, वो हमेशा लोगों से कम दवाईयों का इस्तेमाल और अपनी जीवन–पद्धति बदलने के लिए कहा करते थे। गांव में पाई जाने वाली एक 'बाइ' नाम की बीमारी पर डॉ0 साहब की एक्सपर्टीज थी, वो उसी की भाषा में बात करके उस बीमारी को पढ़ लेते थे। उनका कहना था कि जब आप किसी मरीज की भाषा ही नहीं समझेंगे, जिस जगह आप हैं उस जगह के लोगों की स्थानीय भाषा ही नहीं समझ सकेंगे, तो उसका इलाज आप क्या खाक करेंगे। ये नए डॉक्टर्स के लिए भी डॉ0 साहब का एक संदेश था। डॉ0 साहब आज उम्र के उस पड़ाव पर कहीं दूर बैठे हैं, अपनी बेटी के साथ रहते हैं, अब उन्होंने प्रैक्टिस छोड़ दी है। लेकिन न जाने कितने लोगों की स्मृतियों में, अल्मोड़ा में वो आज भी हैं। कई लाईलाज बीमारियों को ठीक करने वाले महान डॉ0 डी0के0 पाण्डे। मुझे गर्व है कि मैं इस युग में उनके साथ रहा, मुझे गर्व है कि मेरा और डॉ0 डी0के0 पाण्डे का परिचय हुआ। डा0 साहब ने ऐसे ही किसी ऑपरेशन का जिक्र अपनी उस किताब में किया था, कि एक लड़का अपनी कोई प्रॉब्लम लेकर डॉ0 साहब के पास आया था। ये घटना जब वो आयुर्वेद कॉलेज के हैड थे, हरिद्वार में, तब की थी। श्रेया ने पढ़ने की कोशिश की, कुछ अक्षर धुंधले हो गए थे। डॉ0 साहब ने उसमें भी किसी अभूतपूर्व ऑपरेशन का जिक्र किया था और उसके यूरिनरी ट्रैक का ऑपरेशन किया था। जब डॉ0 साहब ऑपरेशन के बाद उसके स्टिचेज कर रहे थे, तब उसकी सांसें तेज चलने लग गई थीं। मनोज अंकल ने उसका इतना रोचक वर्णन किया था कि श्रेया उसमें बंध सी

गई थी। लेकिन उस पैराग्राफ के अंतिम अक्षर पानी से धुल से गए थे। उसे उत्सुकता होने लगी कि उस लड़के की जिंदगी बची कि नहीं बची। वो उस लड़के से कनेक्ट हो गई थी, वो उस पेशेंट से कनेक्ट हो गई थी, वो पेशेंट के लिए दया भाव महसूस कर रही थी। उसके लिए ये जानना जरूरी था कि वो लड़का बचा या क्या हुआ। उसकी छटपटाहट बढ़ती चली गई थी। डायरी पढ़ते-पढ़ते सुबह का समय हो गया था। आठ-साढ़े आठ बजे थे। उसने देखा उस डायरी में डॉ0 साहब का नम्बर भी है। उसके पास दो ऑप्शन थे, वो अंकल को भी फोन कर सकती थी और डॉ0 साहब को भी। मनोज अंकल को फोन करने के लिए उसके पास आवश्यक बैलेंस नहीं था क्योंकि वो इंटरनेशनल कॉल होते, मनोज अंकल तो न्यूजीलैंड में थे। उसने हिम्मत करके डॉ0 साहब को ही फोन किया। डॉ0 साहब ने उधर से ''हैलो'' कहा, उसने आवाज सुनकर ही उनकी प्रतिमूर्ति की कल्पना कर ली थी – सफेद बाल, बुजुर्ग चेहरा और अनुभव से भरे हुए चेहरे पर उनकी आवाज में भी वही गंभीरता और वही आत्मीयता थी। उसने अपना परिचय दिया। मनोज का नाम सुनकर उन्होंने कहा, ''बस बेटा, आपने मनोज का नाम ले लिया इससे ज्यादा परिचय की आवश्यकता नहीं है। बोलो, क्या जानना है?'' उसने पूरी घटना बताई। डॉ0 साहब, मैं ये पढ़ रही थी। डॉ0 साहब हँसके खिलखिला उठे, बोले – ''ये सब लिखा है मनोज ने अपनी डायरी में...? हाँ बेटे, उस बच्चे की जान बच गई थी। वो तेज साँस चलने का रीजन थोड़ा ब्लड प्रेशर का ऊपर-नीचे हो जाना था, बाद में ठीक होकर चला गया था''। एक राहत की साँस लेकर थैंक यू कहकर श्रेया ने फोन रख दिया था। ये एक अद्भुत मेडिकल गाथा थी, जो उसने डॉ0 साहब के रूप में पढ़ी थी। वहीं पर

पेंसिल से लिखी हुई एक इबारत भी लिखी हुई थी। उसने उसको भी पढ़ना शुरु किया।

सुबह वे लोग नहाना-धोना शुरु कर रहे थे। आज उनको वापस जाना था, लेकिन वो इस उपन्यास को छोड़ना नहीं चाह रही थी। उसने कहा... चलो, ये पैराग्राफ तो पढ़ ही लेती हूँ। उस पैराग्राफ में उसने देखा, लिखा था कि आज मेरा सिविल सर्विसेस का अंतिम चांस है। मैं पढ़ाई के प्रति उतना समर्पित इंसान नहीं रहा या यूँ कहिए कि अगर मैं पढ़ना भी चाहता था, किताबों को देखकर मुझे भूख लगती थी। मुझे लगता था कि मुझे इनको पढ़ना चाहिए, लेकिन पता नहीं क्यों मैं डाइवर्ट हो जाता था। कभी कविताएं लिखने लगता था, कभी कहानी लिखने लगता था, कभी दोस्तों के साथ घूमने चला जाता था, कभी मार्केट चला जाता था, अकेले-अकेले लम्बी सड़कों पर टहलने लगता था, कभी वादियों को देखने लगता था, कभी कविताएं करने लगता था। पढ़ाई करने में मेरा मन उचाट हो जाता था और ऐसी स्थिति में कल्पना में ये था कि मैं निकल जाऊं, एफर्ट उसके लिए जीरो थे। मुझे पता था कि मैं नहीं निकालूँगा, लेकिन कहीं-न-कहीं मैं अपने को भी धोखा दे रहा था और घर वालों को भी धोखा दे रहा था। उन्हें लगता था कि इसे एग्जाम देने जाना चाहिए। इस कश्मकश में मुझे अचानक बहुत घबराहट हो गई। मेरे हाथ-पैर काँपने लगे थे। लिट्रली, मुझे क्या हो रहा था, मुझे पता नहीं था। मैं डॉ0 साहब के पास गया था। डॉ0 साहब ने कहा कि तुझे कोई बीमारी नहीं है, तुझे मानसिक रूप से प्रेशर हो गया है। अंतिम चांस था। सुबह से ही बेचैनी बढ़ रही थी। हाथ-पैर थरथरा रहे थे। पांव में पसीना आ रहा था। ऐसे में मेरी

हिम्मत नहीं हो रही थी और मुझे लग रहा था कि इस चांस के बाद तो मेरा सिविल सर्विसेज का चांस खत्म हो जाएगा। इस चांस में मुझे निकलना है और मुझे आता कुछ भी नहीं था। जीरो था, मगर मैं सैटिस्फाई होना चाह रहा था अपने आप से। अजीब सी द्वंद्व की अवस्था थी ये जानते हुए भी कि मैं उसमें एक अक्षर नहीं लिख सकता। मैं जानता था कि मुझे एक भी सवाल नहीं आने वाला है। कहीं ये दर्द भी था कि अब ये लास्ट चांस भी है, फिर मौका नहीं मिलेगा, इसे देख आता हूँ। अरे! सिविल सर्विसेज में बिना पढ़े सलेक्शन होता है क्या? क्या ईश्वर इतना दानी होता है कि बिना पढ़े ही आपको सलेक्ट कर दे... कि भईया, तेरा लास्ट चांस है, चल तू निकल जा। लेकिन शायद मन चमत्कार की आशा कर रहा था। इसी घबराहट में मम्मी मुझे बरेली लेकर गई थी। आप विश्वास नहीं करेंगे कि पूरे रास्ते भर मुझे ग्लूकोज पिलाते हुए ले गई थी। मेरे पांव पूरे बरेली तक तीन घंटे की यात्रा में कांप रहे थे। अगले दिन सुबह जब मैंने एग्जाम दिया, एग्जामिनेशन हॉल के बाहर मुझे घबराहट हो गई थी। मुझे वहां के इन्विजिलेटर ने थोड़ी देर बाहर डेस्क पर बिठाया, जाने की अनुमति नहीं दी और जब एग्जाम खत्म हुआ तो मैंने राहत की साँस ली। मुझे कुछ नहीं आया था लेकिन मुझे खुशी थी कि मेरे चांस खत्म हो गए हैं। इससे बड़ा आनन्द और इससे ज्यादा खुशी इससे पहले महसूस नहीं की मैंने। ऐसा लगा जैसे दिमाग से कौन सा प्रैशर हट गया मेरे। लेकिन पेपर अच्छा नहीं हुआ, ये घबराहट थी। मम्मी मुझे एक डॉक्टर के वहां ले गई थी। मिशन हॉस्पिटल, बरेली में उस शाम वो डॉक्टर ड्यूटी पर थी। मुझे अजीब–सी बेचैनी और घबराहट हो रही थी, मेरे हार्टबीट बहुत तेज बढ़ रहे थे, मेरे पांव थरथरा रहे थे, मुझे समझ

नहीं आ रहा था कि ऐसा क्यों हो रहा है। मैं होशो हवास में था, मुझे सबकुछ समझ आ रहा था, फिर ये घबराहट क्यों हो रही थी मुझे? डॉक्टर ने मुझसे पूछा – ''क्या दवाई खाई थी?'' मैंने कहा – ''डॉक्टर साहब! मुझे उल्टी आने का मन हो रहा था, मैंने पैरीनॉम खाई''। वो बोले, ''ये तो नार्मल दवा है, इसके अलावा और कुछ खाया?'' ''इसके अलावा मैंने मैट्रोजिन खाई है, मैडम''। मैंने उससे खूबसूरत लड़की अपने जीवन में आज तक नहीं देखी। आधी बीमारी तो मेरी उस लड़की को देखकर ही ठीक हो गई थी। मगर उस रात मम्मी ने उस बड़े होटल में अकेले रहकर गुजारी थी। मेरी माँ बहुत बहादुर थी। उस अकेले बियाबान होटल में मैं और मेरी माँ अकेले थे। जिस तरह की केयर रात उठकर मेरी माँ ने मेरी की थी, मुझे लगातार पानी पिला रही थी, अगले दिन जब वो बरेली से मुझे हल्द्वानी वापस लाई तो हल्द्वानी में आकर दीपांकुर और उसके दोस्त हेम ने मेरी बड़ी मदद की थी। मेरे कांपते पैरों को तेल की मालिश करके ठीक करने की कोशिश की थी। वे जब ठीक नहीं हुए, परेशानी बढ़ गई, उन दिनों मेरे छोटे भाई की तबीयत भी खराब थी, उसकी किडनी में स्टोन हो गया था और वो रात–रात भर तड़पता था। किसी ने सजेस्ट किया कि ''गंगा राम हॉस्पिटल दिखाइये''। हम उस दिन दिल्ली के लिए रवाना हो गए थे। हमारे अगले ग्यारह दिन गंगा राम हॉस्पिटल में बीते। वहां मेरी मुलाकात एक डॉक्टर, राजकुमार गुप्ता से हुई थी। एक शानदार व स्मार्ट डॉक्टर थे वह। उन्होंने मेरी सारी समस्याओं को बहुत बारीकी से समझा। सारे टेस्ट करने के बाद उसने मुझसे कहा कि आपको पेरिनॉम नाम की दवा से एलर्जी है, इसीलिए आपको ऐसा हुआ। आपको मानसिक रूप से कोई परेशानी या प्रेशर नहीं है। आप निश्चिंत रहिए, आप

किसी तनाव में नहीं हैं, बस आप पेरिनॉम मत खाया करिये। आपको किसी तरह की बीमारी नहीं है, आप निश्चिंत होकर जाइये। ऐसा कहने के उन्होंने सोलह हजार रुपये उस जमाने में ले लिए थे। लेकिन उन्होंने मुझे सैटिस्फाई कर दिया था और बड़ा सैटिस्फाई होकर मैं और मेरा ब्रदर वापस लौटे थे। उस दिन हमने अपनी माँ की जीवटता, अकेले चीजों को हैण्डिल करने की क्षमता, अपनी माँ से सीखा थी। मेरे पिता व्यस्त रहते थे, इसलिए आ नहीं पाए। मेरी माँ ही हम सबको ये काम कराती थी। वो एक आयरन लेडी थी, ये कहने में मुझे कोई डाउट नहीं है। गंगा राम हॉस्पिटल में उस डॉक्टर से मेरी मुलाकात ने मेरे जीवन के कई आयामों को चेंज किया था। जीवन में प्रोफेशन क्या होता है, प्रोफेश्नलिज्म क्या होता है, ये मैंने सीखा था। आत्मविश्वास और आत्मबल, इन घटनाओं ने बढ़ाया था। ये एक अद्भुत अनुभव था। हाँ, अस्पताल में रहना एक अच्छा अनुभव तो नहीं है, लेकिन गंगा राम के वो ग्यारह दिन रोमांचकारी थे और न जाने कितने दिनों तक मैंने उस घटना का जिक्र अपने शहर में अपने दोस्तों से किया था। बाद में इंडिया टुडे में एक खबर आई थी कि डॉक्टर राजकुमार गुप्ता को किसी ने जिंदा जला दिया। वो शायद किसी इल्लीगल अफेयर में पड़ गए थे। मेरी नम आँखों ने एक शानदार डॉक्टर को उस दिन श्रद्धांजलि दी थी। इन्वर्टेड कॉमा के बाद पेंसिल से लिखा पैराग्राफ समाप्त हो गया था। श्रेया ने किताब बंद की और नहाने के लिए बाथरूम में चली गई। नाश्ता करने के बाद वो सब लोग बस से रवाना हुए। अल्मोड़ा करीब 33 किलोमीटर दूर था। लगभग दो घंटे का समय लगने वाला था। बस की यात्रा बड़ी खूबसूरत और रोमांचकारी थी। जिस ट्रैवलर में वो आए थे, वो ट्रैवलर एक ही दिन के लिए बुक

थी और वो चला गया था। अब उन्हें बस से ही वापस जाना था और अल्मोड़ा जाकर फिर नवीन अंकल के घर रुकना था। 33 किलोमीटर में उसने फिर से डायरी निकाली और पढ़ना शुरु किया। शुरू की कुछ लाइनें मिटी हुई थीं। जहां से ये घटना शुरु हुई थी, वहीं से उसने पढ़ना शुरु किया। अंकल ने लिखा था – मैंने देखा उस बुजुर्ग आदमी को उन तीनों आदमियों ने घेर लिया था। एक लड़के ने थप्पड़ मारा, तो बुजुर्ग आदमी ने कहा, "थप्पड़ क्यों मार रहे हो, मेरी गलती नहीं है"। मैं वहां से गुज़रा, तो मैंने देखा कि एक बुजुर्ग आदमी को तीन यंग लड़के, वो भी हट्टे–कट्टे, परेशान कर रहे हैं। मैंने उनसे कहा – भई, क्यों मार रहे हो तुम उनको? तो एक लड़का मुझपर झपटने के लिए आ गया। मेरे क्रोध का परवार नहीं रहा, मैंने अपना हाथ उठाया और हाथ को थोड़ा झटका दिया। वो लड़का एकदम चौंका। मैंने अपने हाथ को उसके कंधे पर रखा, उसे चार सौ चालीस वोल्ट का झटका लगा, वो पीछे की तरफ गिरा। वहां पर खड़े लोग आश्चर्य से देख रहे थे। मैंने हाथ हिलाया और ऊऊपर किया, दूसरा लड़का हवा में उड़ता हुआ जमीन पर गिर पड़ा। वो बुजुर्ग मुझे आश्चर्यचकित आँखों से देख रहे थे। वो मेरी जादुई शक्ति को देखकर हैरान थे। मैंने अपने दोनों हाथ उठाए और नीचे पड़े हुए लड़के के पैरों पर रख दिया, वो जोर से चीख पड़ा। मैंने अपने हाथों को दबाना शुरु किया, उसने बचाओ–बचाओ की आवाज लगा दी। लोगों की भीड़ जमा हो गई थी, मैंने अपने हाथ हटा दिये। तीसरा लड़का जो अभी तक दूर खड़ा था। जैसे ही मैंने उसकी तरफ देखा, उसने भागकर मेरे पैर पकड़ लिए। मैंने उससे कहा कि मुझसे नहीं, उस बुजुर्ग आदमी से मांफी मांगो और तीनों ने बुजुर्ग आदमी से मांफी मांगी। लोगों की

अचानक बढ़ती भीड़ थी, तभी मुझे पुलिस की सीटी सुनाई दी और मैं वहां से अंतर्ध्यान हो गया। श्रेया चौंक गई, उसे लगा वो किसी अनोखी दुनिया में आ गई है। उसे लगा कि मनोज अंकल ने अपनी कौन-सी शक्तियों का वर्णन किया है। घबराहट के मारे पन्ने पलटाने लगी, आगे के दो-तीन पन्ने खाली थे और उसके बाद एक लव स्टोरी थी। उस लव स्टोरी में उसे अंजलि नाम दिखाई दिया, उसे समझ में आ गया कि जिस अंजली को ढूंढने के लिए वो इस उपन्यास को पढ़ती जा रही है, इसमें डूबती जा रही है, ये उसी अंजली की कहानी है। उसे समझ में नहीं आया कि अचानक ये स्टोरी कहां से आ गई उसमें, वो भी कुछ अधूरा लिखा था। वो कहानी भी आधे से शुरू थी। उसे समझ में नहीं आया कि सब आधे-अधूरे से क्यों हैं? क्या वो पानी से मिट गई हैं?   कहानियां या पन्ने किसी ने फाड़ दिये हैं? उसने देखा कि वहां पर पन्ना फटा हुआ तो था। उसे लगा ये फटा हुआ पन्ना कहीं और रखा होगा अंकल ने। पुरानी डायरी थी, पन्ना कैसे फट गया, उसकी समझ में नहीं आया लेकिन जो लिखा था उसे समझ में आ रहा था। अंजलि भी चौंकी थी मुझे देख कर। वो सितार के आगे बैठी, उसने सितार की धुन छेड़ी, मैं सामने वाली कुर्सी पर बैठ गया। हॉल खचाखच भरा हुआ था। अंजली ने गाना शुरु किया। वही मिठास, वही अपनापन, वही जादुई आवाज अंजली में थी, जो कई वर्षों तक मेरे कानों में, मेरे अंतःकरण में गूंजी थी। वो भी बीच में नजर उठाकर मुझे देख रही थी। उसको देखकर पता नहीं चल रहा था कि उसकी शादी हुई कि नहीं हुई। उसको देखकर ये भी पता नहीं चल रहा था कि वो इस वक्त क्या करती है। उसकी मनःस्थिति कैसी है, उसके दिमाग में क्या चल रहा है। बस मैं एकटक उसको देखे जा रहा था,

स्मृतियों में कहीं दूर खोता...... खोता के बाद की कोई लाइन उस कागज में लिखी हुई नहीं थी। ऐसा लगा, जैसे एक बड़ा—सा धब्बा वहां पर है। स्याही फैली हुई थी। उसे लगा कि उसकी क्यूरियोसिटी अधूरी रह गई। श्रेया ने फिर किताब बंद कर दी, अपनी डायरी बंद कर दी। अब उसे फ्रस्ट्रेशन होने लगी थी, समझ नहीं पाई कि अंकल किस तरह के इंसान हैं, कौन—सी शक्ति अंकल के पास थी? किस तरह से उन्होंने हाथ हिलाकर उन तीनों युवाओं को चित कर दिया था? ये एक स्टोरी में आधी स्टोरी कैसे है? कहां गई अंजलि? कौन थी अंजलि? क्या मनोज अंकल एक जादुई इंसान थे? क्या मनोज अंकल कोई जादू जानते थे? ऐसा जादू तो मैन्ड्रेक की किताबों में होता था। उसकी समझ में नहीं आया और उसके बाद डायरी के पन्ने साफ थे, नीट व क्लीन थे और पूरी डायरी बिल्कुल साफ रखी हुई थी, और उसमें लिखा हुआ था – मेरा कोचिंग एक्सपीरियंस।

28

मैंने जब पढ़ाना शुरू किया तो उसमें पूरा डूबकर पढ़ाना शुरू किया। देखा जाए, तो मुझे ऐसा लगा कि ये मेरा पैशन है। मैंने कभी कोई किताब पढ़कर नहीं पढ़ाया। जितना ज्ञान मुझे मिला, उसी से मैंने पढ़ाया और धीरे—धीरे स्टूडेन्ट ने जब मुझसे सवाल पूछने शुरू किये, उन सवालों को ढूंढने की मैंने कोशिश की। स्टूडेन्ट के ऑप्शन्श को भी देखा, उनके वर्जन को भी सुना और धीरे धीरे—धीरे मुझे सब्जेक्ट आता गया। तो अगर मैं आपसे ये कहूं कि मुझे मेरे विद्यार्थियों ने ही सिखाया है, तो ये कहना गलत नहीं होगा।

मेरी कोचिंग के गोल्डन एरा में न जाने कितने खूबसूरत लम्हे हैं, जिन्हें मैं बांटना चाहूं तो शायद दो नॉवल भी कम

पड़ेंगे। मगर कुछ महत्वपूर्ण घटनाएं हैं, जिन्हें मैं आपके साथ शेयर करना चाहता हूँ। आपको भी लगेगा कि जीवन में इंसान को कितना एक्सपीरिएंस होता है, किस–किस तरह के बच्चे होते हैं, क्या–क्या उनकी भावनाएं होती हैं। मुझे याद है कि अल्मोड़ा में जी0आई0सी0, अल्मोड़ा के छात्र ब्रिलिएंट स्टूडेन्ट माने जाते थे। होने को वो गर्वनमेंट कॉलेज था, आज आपको ये बात पढ़कर अजीब लग रहा होगा। आपको लगता है कि सरकारी विद्यालयों के बच्चे वीक होते हैं, ऐसा नहीं था। किसी भी प्राइवेट कॉलेज के किसी भी मिशन कॉलेज के, किसी भी कॉन्वेंट के बच्चों का कोई मुकाबला ही नहीं था। जी0आई0सी0, अल्मोड़ा के बच्चों से वो कम ब्रिलिएंट होते थे। आज देश के तमाम ऊंचे पदों पर, विदेश में तमाम जगहों पर, कम्प्यूटर के टॉप लेवल पर जी0आई0सी0 अल्मोड़ा के बच्चे आपको दिखाई देंगे। अगर आप उनसे डीप में बात करेंगे तो उनमें कहीं आपको मेरा नाम भी सुनाई देखा, मेरे नाम की गूंज भी सुनाई देगी। मैंने अपने जीवन में धन नहीं कमाया, मैंने अपने जीवन में एग्जाम के लिए संघर्ष नहीं किया, किया होता तो शायद मैं एग्जाम निकालता, लेकिन शायद ईश्वर को कुछ और मंजूर था। मैंने अपना पूरा जीवन बच्चों को एक अच्छा इंसान बनाने की कोशिश की। खुद मैं अच्छा इंसान बनने के लिए जद्दोजहद करता रहा। मैं ये नहीं कह रहा कि मैं एक अद्भुत इंसान बन गया। बहुत सारी कमियां मेरे अंदर थीं जिनसे मैं संघर्ष करता, लड़ता, सुधारता रहा। कभी नकारात्मक भी हुआ, कभी दलदल में फंसने की स्थिति भी हुई लेकिन हमेशा ईश्वर के हाथों ने मुझे उभार लिया। ईश्वरीय सत्ता की महत्ता अदभुत है। उसी महत्ता के बल पर ही मेरे विद्यार्थियों ने जो प्रेम व सम्मान मुझे दिया, वो अद्भुत है, यही मेरी सबसे बड़ी पूंजी

है – मेरा परिवार और मेरे विद्यार्थी। इन विद्यार्थियों को आप मेरी एक्सटेन्डेड फैमिली भी कह सकते हैं। ऐसा नहीं है कि विद्यार्थियों के साथ एक्सपीरिएंस अच्छे ही रहे। कुछ बहुत नटोरियस विद्यार्थी भी थे। कुछ ऐसे भी रहे, जिन्होंने आलोचना की होगी, कुछ ऐसे भी विद्यार्थी रहे, जो बहुत समर्पित थे। ऐसी एक घटना है कि अल्मोड़ा में जी०आई०सी, अल्मोड़ा के बच्चे पढ़ने मेरे पास आते थे। सबसे टॉप बैच को जब मैं पढ़ाता था तो बच्चों के साथ मेरी बातचीत सामान्य बात होती थी। पढ़ाई के अलावा जब हम फार्मल टॉक करते थे, तो वो कहते थे, ''सर, हमारे क्लास में विश्वास नाम का एक लड़का है, वो कहीं ट्यूशन पढ़ने नहीं जाता, लेकिन कहीं जाता है, टीचर से ऊल जूलूल सवाल पूछता है और अगले दिन से वहां जाना बंद कर देता है। टीचर बड़ा डरते हैं उसको देखकर''। मैंने कहा, ''अच्छी बात है! विद्यार्थी पढ़ने में अच्छा होगा''। बच्चे उसकी प्रशंसा भी कर रहे थे और आलोचना भी करना चाह रहे थे कि वो बड़ा ऐरोगेन्ट है, ऐसा है, वैसा है। अगले वीक मुझे विद्यार्थियों ने सूचना दी कि सर वो आपके पास भी पढ़ने आना चाह रहा है, शायद आएगा। उसकी मम्मी, मेरी बुआजी की परिचित थी। उनका फोन आया कि बेटा पढ़ने आना चाह रहा है। बुआजी ने कहा – ''हाँ, ठीक है, भेज देना''। बुआजी ने मुझसे कहा – '''बेटा, वो पढ़ने आएगा, जरा देख लेना''। उसकी प्रशंसा तो मुझ तक पहले पहुंच चुकी थी। वो बच्चा पढ़ने आया, बच्चों का कहना सही था। उसने मुझसे बहुत सारे सवाल पूछे और मैंने अपने ज्ञान के आधार पर सारे सवालों के जवाब एक शिक्षक की तरह उसको दिये। जैसा कि उसके बारे में मशहूर था कि वो दो–तीन दिन आता था, सवाल पूछता था और फिर छोड़ देता था। लेकिन कहां दो–तीन दिन, आज

तक उसने मुझे नहीं छोड़ा और मैंने उसे नहीं छोड़ा। तीस बरस तक हमारे रिलेशन बने, आज भी मेरा वो सोशल मीडिया पर सम्मान करता है। एक दिन मैंने ऐसे ही मैसेज किया – विश्वास भूल गए क्या? वो अब यू0एस0ए0 में सेटल्ड है, पत्नी है, दो बच्चे हैं। उसका मैसेज आया कि सर मैं उन फोर्मटिव ईयर्स को कैसे भूल सकता हूँ। मैं यहां पर अपनी प्रशंसा नहीं कर रहा, लेकिन एक विद्यार्थी और शिक्षक का बहुत गहरा रिलेशन था, मैं उसको सैटिस्फाई कर पाया। वो लगातार मेरे पास आया, उसने बहुत अच्छा परफार्म किया। जिस स्थान को वो डिज़र्व करता था, शायद उसे वो नहीं मिला, उसके एकाकीपन को भी मैंने देखा, उसकी निराशा को भी मैंने देखा, उसकी हिम्मत भी बढ़ाई और वह इंजीनियरिंग कॉलेज में चला गया। उसने एन0आई0टी0, त्रिची से इंजीनियरिंग की। वो जब छुट्टियों में आता था, तो अपने कॉलेज के एक्सपीरिएंस मुझसे शेयर करता था। जब वो जॉब में आया, तब भी उसने अपने एक्सपीरिएंस शेयर किए। जब वो छुट्टियों में आता था, शाम को दो–ढाई घंटा मेरे पास बैठकर अपने बारे में बताता था, अपने इंस्टीट्यूट के बारे में बताता था।

विद्यार्थी से मेरा संबंध केवल स्कूल तक नहीं रहा, विद्यार्थी से मेरा संबंध उनके घर तक, उनके परिवार तक, उनकी भावनाओं तक रहा है। इसलिए विद्यार्थी मुझे अपने सारे फंक्शन में, शादी–ब्याह आदि में बुलाते रहे हैं और बड़ा सम्मान अल्मोड़ा शहर में मुझे इन विद्यार्थियों ने दिया। दस साल की सेवा अपने शहर में देने, बहुत नाम कमाने, बहुत सम्मान पाने के बाद 3 जुलाई, 2000 के बाद मैं अल्मोड़ा से हल्द्वानी शिफ्ट हो गया। वहां पर 'टार्गेट आई0आई0टी' नाम

की एक संस्था हमने शुरु की और अगले कुछ वर्षों तक हमने उसको कुमाऊं के सर्वश्रेष्ठ, नम्बर एक रैंकिग में पहुँचा दिया। इसमें हम सारे साथियों का बहुत जबरदस्त एफर्ट था, बहुत सारे शिक्षक हमें साथ में मिले। वो संस्थान कुमाऊं का एक बेहतरीन संस्थान था, लेकिन कहते हैं न कि सफलता सिर चढ़के बोलती है, तो आप सफलता संभाल नहीं पाते। हम उसको संभाल नहीं पाए और धीरे-धीरे संस्थान डी-ग्रेड होना शुरु हुआ। लेकिन उस संस्थान में भी कई ऐसी मैमोरीज हैं, जो अद्भुत हैं। जब पहली बार उस संस्थान में पढ़ाया था, तो एक लड़का क्लास में अचानक सम्मोहित सा बैठा रहता था। एक बार उसके पापा मैनेजर से मिलने आए। उन्होंने कहा कि सर, आपके कैमिस्ट्री के जो टीचर हैं, वो क्लास में बच्चों को सम्मोहित कर देते हैं, मेरा बच्चा रात-रातभर उठकर सर-सर करके चिल्लाने लगता है। मैनेजर चकित हुए, बोले - सर, ये कैसी कम्पलेन्ट है! वे तो सारे बच्चों को पढ़ाते हैं। अगर आपका बच्चा सर के प्रति इतना आसक्त हो गया है, तो इसमें सर की भी कोई गलती नहीं है। तब सर ने मुझे ये बात बताई और कहा कि यार, एक बार उस बच्चे से मिल लो। मैं उसके घर गया, मैंने उसको हिम्मत बंधाई, वो बहुत इमोशनली अटैच हो गया। मैंने बोला - बेटा, किसी भी चीज के साथ इतना लगाव ठीक नहीं, चाहे वो मैं हूँ, चाहे आपके घरवाले हैं, चाहे आपका कॉरियर ही हो, चाहे वो आपकी कल को बनने वाली गर्लफ्रैंड हो, चाहे कोई भी हो, लगाव इतना ठीक नहीं है। रिस्पेक्ट करना अच्छी बात है। ये बड़ा अजीब केस था, अंदर-ही-अंदर तो मुझे बहुत खुशी हुई थी कि कोई मेरा इतना बड़ा भक्त बन गया, लेकिन डर भी था कि इस तरह का लगाव किसी का हो जाए तो ये ठीक नहीं है। वो

तो एक लड़का था, फिर भी संभल गया। ऐसा ही एक लगाव एक बच्ची को मुझसे हो गया। बच्ची का अट्रैक्शन भी आसक्ति के लेबल पर जाने वाला था। ऐसे मौके टीचर के जीवन में बहुत बार आते हैं। वहां पर टीचर को कभी कमजोर नहीं पड़ना चाहिए। लेकिन ऐसा होता है कि जब आप शिक्षक होते हैं, तो एक इंसान पहले होते हैं और इंसानी तौर पर आपके अंदर जन्मजात कमियां और खूबियां होती हैं। आप कमजोर हो सकते हैं लेकिन अगर आप एक संस्कारवान परिवार से आए हैं, आपका बैकग्राउंड बहुत मजबूत है, आपकी परवरिश बहुत मजबूत है तो आप गिर सकते हैं लेकिन गिरने के बाद उठेंगे, आपसे गलत हो सकता है लेकिन बहुत गलत होने से पहले आप संभल जाएंगे। मेरे दादाजी के संस्कार बहुत मजबूत थे। उन्होंने जो शिक्षा मुझे दी थी उससे मैं जब भी कमजोर पड़ा, मैं भी गिरता–गिरता बचा, लेकिन हमेशा ईश्वर के आशीर्वाद ने मुझे संभाल लिया और मैंने फिर एक अच्छे शिक्षक की तरह अपना कर्त्तव्य निभाते हुए हर बच्चे को सही राह दिखाने की कोशिश की। इसीलिए आज भी सारे बच्चों में बहुत सम्मान, बहुत आकर्षण, मैं अपने प्रति पाता हूँ। जब अपने कॉरियर में मुझे पढ़ाते–पढ़ाते करीब पैंतीस बरस हो गए, मेरी शैली बदल गई, मेरा तरीका बदल गया, लेकिन मेरा आकर्षण, ये तो नहीं कह रहा हूँ मैं कि पहले की तरह रहा, कम हुआ है, लेकिन अभी भी है और शायद ये ईश्वर का आशीर्वाद और विद्यार्थियों की शुभकामनाएं हैं। गोवा में पढ़ाते हुए बहुत शानदार अनुभव रहे थे। जब मैं गोवा में सेटल होने गया, जिस संस्थान में मैं गया था '' मुस्तीफंड आर्यन'', उसके ओनर थे मिस्टर देसाई, बहुत ही संतुलित और शालीन आदमी थे। उन्होंने मेरे रहने की व्यवस्था एक रेस्ट हाउस में

की थी। वो आई०आई०टी० के छात्रों के लिए समुद्र-विज्ञान सीखने की जगह थी, जहां पर डिफ्रेन्ट आई०आई०टी० के छात्र समुद्र-विज्ञान की ट्रेनिंग करने आते थे। शाम के टाइम में, जब मैं घूमने के लिए जाता था तो लड़के-लड़कियों के झुंड वहां बैठे रहते थे। उनको डिस्कशन करते देखना, उनको समुद्र-विज्ञान के बारे में बात करते देखना अद्भुत अनुभव था। समुद्र के किनारे ही था वो रेस्ट हाउस और दूर तक समुद्र दिखता था। जो अनुभव मैं आपके साथ साझा कर रहा हूँ, उसे बताते हुए मेरे रोंगते खड़े हो गए हैं, मेरे बदन में एक सेंसेशन हो रहा है, एक झंनझनाहट हो रही है। वो एक खूबसूरत अनुभव था, वहां मैंने अपने जीवन के सबसे सर्वश्रेष्ठ बच्चे पढ़ाए।

आनन्द नाम का एक बच्चा था, जो आई०आई०टी० में सलेक्ट हुआ। उससे ज्यादा डाउन-टू-अर्थ बच्चा मैंने अपने जीवन में नहीं देखा। एक शानदार बच्चा, जो आज यू०एस० में सेट है, जो आई०आई०टी० में सलेक्ट हुआ, उन बच्चों ने जो सम्मान, जो प्यार दिया, मैं भूल नहीं सकता। उसी बैच में एक स्टूडेन्ट था जो आई०आई०टी०, रूड़की गया। जब वो क्लास में पढ़ता था, उसका परफार्मेंस देखने लायक था। उसने कभी इमोशनल अटैचमैन्ट का व्यवहार नहीं दिखाया, लेकिन जब वो निकल गया तो उसने मुझे एक मेल किया था। उस मेल से मुझे पता चला कि उन दो सालों में उसने मुझे कितनी रिस्पेक्ट दी, जिसको उसने कभी प्रकट नहीं किया और आज निकल जाने के बाद प्रकट कर रहा है। वो मेल मेरे लिए भारत रत्न से कम नहीं है, वो मेरा सम्मान-पत्र है जो मैंने बड़ा सहेज कर रखा है। उस बच्चे का नाम था एबी। एबी, मैं उसका उच्चारण एबी करता हूँ, पर अबाई

पढ़ते थे बच्चे उसको। ऐसी ही एक सुबह जब मैं गोवा में पढ़ाने बैठा था, तो इलेवंथ क्लास की एक बच्ची मेरे पास आई। मैं सुबह जल्दी चला जाता था, बाकी लोग अभी नहीं आए थे। वो बच्ची उस दिन जल्दी आ गई। मैं स्टाफ-रूम में बैठा हुआ था। मेरे पास आकर बोली – ''सर, एक छोटी सी रिक्वेस्ट थी''। मैंने बोला – ''हाँ, बोलो बेटा! क्या रिक्वेस्ट है?'' उसने कहा, ''सर, क्या मुझे आप हग कर देंगे?'' बच्ची का एक अनूठा आग्रह था। मैंने भावनात्मक रूप से और प्रैक्टिकली, दोनों तरीके से सोचा। मुझे लगा कि शायद आज इसके घर में कोई झगड़ा हुआ या मां-बाप ने इसको डांटा, या ये बच्ची इमोशनल हो रही है, तो मैंने बड़े वात्सल्य से उसको हग किया। आज इतने वर्ष बीत जाने के बाद मुझे पता नहीं कि उसने ऐसा क्यों कहा, लेकिन उसके बाद उसके अंदर एक ऊर्जा मैंने देखी, वो पढ़ाई में बहुत अटेन्टिव हो गई, उसका पढ़ाई में मन लगने लगा, उसका परफॉर्मेंस आने लगा। शायद एक टीचर के अन्दर एक पितृत्व की भावना थी। ये क्या था, मैं नहीं समझ पाया, लेकिन मैंने उसे दिल से आशीर्वाद दिया। उसके बाद तो उसने कहां, क्या किया, क्या उन्नति की, कहां वो सलेक्ट हुई, मुझे ज्यादा जानकारी नहीं है क्योंकि मैंने गोवा छोड़ दिया और मैं मुंबई आ गया था। लेकिन एक डिफ्रेन्ट अनुभव यहां पर मुझको मिला, और फिर मुंबई का अनुभव तो निराला था। मुंबई तो शायद इस दुनिया की सबसे खूबसूरत जगह है। यहां चलने वाली हवा, यहां का एम्बिएन्स जादुई है। आजकल मैं ठाणे में रहता हूँ, यहां रहने में मुझे आनन्द नहीं आ रहा है क्योंकि मुंबई नहीं है, पर मुंबई की बोरिवली, लोखण्डवाला, नरीमन प्वाइंट, ये जादुई जगहें हैं। अद्भुत थी, इसीलिए शायद मैं यहां दोबारा वापस आया। यहां के बच्चों

ने भी मुझे बेहद प्यार दिया। इनसे ज्यादा नाथकर्णी सर थे, जो मेरे मेन्टर थे संस्थान में, वो कहते थे कि आपको पढ़ाते हुए देखकर मुझे अपने गुरु की याद आ जाती है। वो बुजुर्ग इंसान थे, आई0आई0टी0, मुंबई के पास आउट 1967—68 में, उन्हें मेरे क्लासेस पसंद थे। वो मेरा क्लास सुनने के लिए बैठ जाया करते थे। उनके प्रति प्यार और सम्मान मेरे दिल में है। वो आज भी मुझे याद करते हैं, राय देते हैं। और फिर केरल एक अनजानी जगह थी, जहां की लैंग्वेज से हम परिचित नहीं थे, मैंने विस्तार से इस उपन्यास के शुरु में अपनी डायरी में लिखा है, आपको पता होगा। मेरी बेटी व मेरे साथ उसका बहुत गहरा अनुभव मेरा रहा है। बच्ची को सुबह स्कूल छोड़ने जाना, स्टूडेन्ट का मेरे प्रति सम्मान, उनके मैसेज, मनोज जोशी फैन क्लब बनाना, मेरे पैंतीस साल इस कॅरियर के आलीशान रहे हैं, गोल्डन रहे हैं। इन सारे स्टूडेन्ट्स ने मुझे जीवन की अद्भुत ऊँचाईयों तक पहुँचाया, मैं उन्हें कभी नहीं भूल सकता। ऐसे न जाने कितने खट्टे—मीठे अनुभव मेरे जीवन में रहे हैं और मैं हमेशा इस अंतर्द्वन्द्व में उलझा रहा कि टीचर को बेस्ट—से—बैस्ट कैसे बनना चाहिए, एक इंसान को बेस्ट—से—बेस्ट कैसे बनना चाहिए। मैं जानता हूँ कि आप सोच रहे होंगे कि पढ़ाया और चला गया। बहुत सारे टीचर पढ़ाते हैं, बहुत सारे लोग पैसा कमाते हैं, लेकिन क्या सब टीचर हैं? नहीं! शिक्षक एक अलग तरीके का होता है, उसे अपनी भावनाएं कई बार दबानी पड़ती हैं, कई बार माननी पड़ती हैं। आप विश्वास करेंगे कि हर व्यक्ति मेरा सम्मान करके खड़ा हो जाता था? जिस दूसरे व्यक्ति से मिलता था, वो मेरे पैर छूता था? कभी तो शक होने लगा कि कभी मेरा विवाह भी हो पाएगा कि नहीं। मालूम चला कि जिस लड़की से विवाह तय हुआ, वो

भी पहले दिन ही पैर छू गई, बोली – गुरूजी, कैसे हैं? ऐसे में मैं विवाह कैसे करूंगा। कितने अन्तर्द्वंद्व सहे मैंने, लेकिन कोशिश पूरी की कि एक अच्छा शिक्षक बनूं और आज भी कर रहा हूँ। गलतियां भी हुई हैं, बहुत सारा गुस्सा भी आया है, बहुत सारे स्टूडेन्ट का दिल भी दुखाया होगा, लेकिन सोच हमेशा पवित्र रखने की कोशिश की है, सोच कभी गड़बड़ाई तो ईश्वर ने मार्ग दिखाया, कभी लड़खड़ाया तो ईश्वर ने संभाला। बस, संभलते–संभलते एक सफल टीचिंग कॅरियर मेरा रहा है और चल रहा है।

इनवर्टेड कौमा में पैराग्राफ बंद हो गया था। श्रेया की आंखों में आंसू आ गए थे, लेकिन उसका दिमाग अभी भी खोज रहा था कि अंकल ने अपना हाथ हिलाकर उन तीन बदमाशों को कैसे चित किया था? उसके दिमाग से ये बात निकल नहीं रही थी, उस डायरी में हर चीज़ प्रैक्टिकल लिखी हुई थी और ये एक जादुई चीज थी। उसे पता था कि ये संभव नहीं है लेकिन एक क्यूरिओसिटी उसके अंदर थी, उसे इसमें इंट्रेस्ट नहीं था कि ऐसा हुआ। वो जानती थी कि ऐसा नहीं हुआ, अंकल के हाथ हिलाने से गुंडे नहीं मर सकते, उसे बस ये जानना था कि अंकल ने ऐसा क्यों लिखा है। उससे रहा नहीं गया तो उसने अंकल को फोन लगा दिया। फोन लगाने से पहले उसने अपने मोबाइल में इंटरनेशनल कॉल चार्ज कराई, उसको एक्टिवेट कराया और फिर फोन लगा दिया। मनोज न्यूजीलैन्ड में था, एक अनजाना नम्बर देखा। श्रेया ने सोचा कि उठाएंगे कि नहीं उठाएंगे। उसने उठाया तो श्रेया ने अपना परिचय दिया और पूरी कहानी सुनाई। वो ठठाक से हंस पड़ा। उसने कहा – ''बेटा! जब मेरी डायरी पढ़ ही रही हो, तो पहली बात तो

इसको संभाल के रखना, जहां से उठाई, वहीं रख देना पढ़ने के बाद। और अगर आपने डायरी उठा ही ली है, पढ़ ही ली है, तो कहीं-न-कहीं ये एहसास तुमने किया होगा कि जो बहुत सीधे सज्जन लोग होते हैं, जो गॉड फियरिंग लोग होते हैं, वो बदमाशी नहीं करते, लेकिन कहीं पर बदमाशी करते हुए देखते हैं, तो भयातुर होते हैं, उस रिएक्शन पर रिएक्ट नहीं कर पाते अपनी डर की वजह से।एक तरह से ये डर ठीक भी है क्योंकि अगर वो इंटरफेयर करेंगे तो हो सकता है कि उनको नुकसान पहुँचे। वो समझदारी नहीं है। तो ऐसे लोग अपनी कल्पना में उस सिचुऐशन से लड़ते हैं और अपने आप को तनाव मुक्त करने के लिए उस कल्पना का सहारा लेते हैं, जिसमें वो गुंडे-बदमाशों की मरम्मत कर रहे होते हैं। ये एक प्रकार का साइक्लॉजिकल स्ट्रेस-मैनेजमैन्ट है''। श्रेया की समझ में आया कि उसके अंकल कितने गंभीर हैं, उसे कुछ अजीब-सी दिव्यता का एहसास हुआ। उसने ''थैंक यू'' कहकर फोन रख दिया। डायरी के आगे के पन्ने ''माई पर्सनल लाइफ'' की हेडिंग से सजाए हुए थे। उसे लगा कि ये पर्सनल लाइफ खोलनी चाहिए कि नहीं खोलनी चाहिए क्योंकि ये किसी की पर्सनल डायरी थी। उसको देखना उचित नहीं था, लेकिन मन उत्सुक होता है। मन सीमाएं लांघना चाहता है। उसने सीमा लांघी और वो मनोज की दुनिया में फिर पहुंच गई।

लिखा था – मेरा परिवार एक संयुक्त परिवार रहा, मेरे दादाजी ने हमेशा जी-तोड़ मेहनत से जो भी वो कर सकते थे, अपने परिवार की उतनी मदद की, चाहे वो आर्थिक मदद हो या सामाजिक मदद हो, चाहे वो कॅरियर में महत्व हो। अपने बच्चों के लिए तो जो कुछ किया, वो किया ही, अपने

भाई–भतीजों के लिए भी सबकुछ किया। दादाजी का ये स्वरूप मेरे लिए अद्भुत था। मेरे लिए दादाजी किसी देवता से कम नहीं थे। दादाजी अब बुजुर्ग हो गए। उनके हाथ–पैर अब काम नहीं करते, उनकी दाढ़ी बनाना, उनको खाना खिलाना, उनके साथ सोना, रात को उनके झिझककर उठने पर खुद दौड़ कर आ जाना, रात–रातभर उनके साथ उठे रहना, ये हम भाईयों की दिनचर्या थी। इसमें लोग मेरी प्रशंसा भी करते थे। मैं भी तो एक छोटा बच्चा था, इस प्रशंसा के झाड़ पर चढ़ गया। आज मुझे एहसास होता है कि जब आप कोई कर्त्तव्य निभाते हैं अपने बुजुर्ग के लिए, अपने मां–बाप के लिए, अपने भाईयों के लिए, अपने बच्चों के लिए, तो प्रशंसा पाने के लिए नहीं निभाते। वो एक क्षुब्द–हृदय से अद्भुत प्रेम की भावना से निभाते हैं। मैं ऐसा नहीं कह रहा कि उस प्रशंसा से कोई नुकसान हुआ, उस प्रशंसा से मुझे बल ही मिला, दादाजी की सेवा में कोई कमी नहीं आई, लेकिन आज मुझे गिल्ट होता है कि प्रशंसा तो ठीक थी लेकिन मुझे उसे इग्नोर करना था। मैंने बहुत जगह कहा कि आजकल मैं दादाजी के साथ हूँ। वो बुजुर्ग हो गए हैं तो उनके साथ रहता हूँ, मुझे लगा ये भी नहीं कहना है। सेवा एक ऐसी चीज है जो बहुत नितांत, व्यक्तिगत होती है, आपके दिल के अंदर होती है। वो दिखावे के लिए नहीं होती, वो प्रशंसा पाने के लिए नहीं होती, अगर है तो दुःख है। श्रेया फिर चौंकी थी कि कितने डीप थिंकर हैं ये मेरे अंकल, कितना गहरा सोचते हैं, कितनी छोटी–छोटी बातों को सोचते हैं, ये ओवरथिंकिंग है क्या? लेकिन उसे लगा कि अपने को पवित्र–से–पवित्र करने की कोशिश करते रहे हैं अंकल, अपने हर मौके पर, हर समय पर, इसीलिए शायद बहुत अच्छे दोस्त, बहुत अच्छे पिता साबित हुए हैं। उस डायरी में

दादाजी के स्वरूप का वर्णन था, उनकी ईमानदारी, उनका बच्चों के प्रति प्यार, उनका वात्सल्य अद्भुत था। उसकी नज़र में उस आदमी की छवि बन गई जिसको उसने कभी देखा नहीं था। उसकी नज़र में वो एक भगवान की छवि थी और शायद उसके अंकल ने अपने दादाजी को भगवान की तरह ही प्यार किया था। दादाजी क्यों अपनी बुआ से भी उतना ही प्यार करते थे, अपनी मां से भी वो बहुत प्यार करते हैं। आज भी मुझे पता है कि अंकल अपने पापा से, दादाजी से कितना प्रेम करते हैं। उसी में आगे उसने पढ़ा। संयुक्त परिवार की बहुत खूबियां हैं, इसमें आपको कभी अकेलापन नहीं होता, आप हमेशा व्यस्त रहते हैं, आप कभी लेजी नहीं होते, आप कभी आलसी नहीं होते, आप हमेशा सहयोगी होते हैं, आप साथ रहना सीखते हैं, उसी साथ रहने से आप सोसायटी में रहना सीखते हैं, आप देश में रहना सीखते हैं, एक–दूसरे की पीड़ा भी समझते हैं। मुझे याद है कि विनोद के गॉल ब्लैडर में स्टोन था, वो तड़प उठा था, तोकैसे हम सारे लोग परेशान हो गए थे। मम्मी तो हमारी सच में बहुत ज्यादा परेशान हो जाती हैं। रात–रातभर पानी गरम करके सिंकाई करना, रातभर मेरा वो चक्कर लगाना, रातभर छोटे भाई का उठे रहना, पापा का परेशान रहना। और फिर जब ऑपरेशन हुआ, दिल्ली गए, ऑपरेशन एक अच्छे डॉक्टर ने किया। ऐसी छोटी–छोटी घटनाएं सब भाईयों की, अगर मैं बारीकी से देखूं तो आज मैं ये कह सकता हूँ कि हमने बीमारियां भी सेलिब्रेट की। संयुक्त परिवार में बीमारी डराती नहीं है, वो एक सेलिब्रेशन है, आप हंसते हैं, मुस्कुराते हैं और मरीज दर्द में भी, परेशान है, तो भी मुस्कुराता है और फिर ठीक हो जाता है। संयुक्त परिवार की खूबसूरती है ये, एक–दूसरे को प्रेरणा देते हैं, संघर्ष करते

हैं, एक–दूसरे के मूड को समझते हैं, तो ये एक बहुत ही ब्यूटीफुल और दिलकश अनुभव रहा है संयुक्त परिवार में। इन खट्टी–मीठी यादों के साथ संयुक्त परिवार में रहना एक अद्भुत खूबसूरती है। बहुत शानदार होता है ये, लेकिन मैं फिर भी जो लोग इस डायरी को पढ़ रहे हैं, उनको संदेश देना चाहूँगा कि वो संयुक्त परिवार में रहें तो कॉम्प्रोमाइज करना सीखें, जिम्मेदारी उठाना सीखें और दूसरे के काम में दखल न दें। दूसरा जिम्मेदारी ले रहा हो, न ले रहा हो, उससे कोई मतलब नहीं क्योंकि आप संयुक्त परिवार में रह रहे हैं, इसलिए रह रहे हैं कि आप उनसे प्यार करते हैं, और जब आप उनसे प्यार करते हैं तो उम्मीदें क्यों करते हैं, अपेक्षाएं क्यों करते हैं? निःस्वार्थ प्यार कीजिए न! डायरी पढ़कर श्रेया का अंकल के प्रति सम्मान बढ़ता जा रहा था। वो खो सी गई थी। नींद आंखों से कोसों दूर थी। फिर उसने देखा, उसमें लिखा हुआ था – संयुक्त परिवार ही क्यों, संयुक्त मित्रदल भी तो एक चीज है। मित्र भी एक संयुक्त परिवार की तरह होता है। दिन–रात व्यस्त रहने वाले गिरीश और नवीन... नवीन तो मेरा ऐसा दोस्त था जो कि अनावश्यक रूप से भी बिजी रहता था। वो अस्तव्यस्त रहता था इसलिए व्यस्त रहता था, मैंने उसे पहली बार गोवा चलने के लिए कहा, वो मेरे साथ गोवा गया। मैं, नवीन और गिरीश ने गोवा और पुदुचेरी की ट्रिप पूरी फैमिली के साथ लगाई। मैंने इस यात्रा का प्लान बनाया। मैंने इस यात्रा को नेगोशियेट किया और मुझे खुशी है कि मैं अपने दोस्तों को उस खूबसूरती का एहसास करा पाया जिसे मैं महसूस कर पाया था और दोबारा कर रहा था। शायद पहली बार जहाज में वो मेरे साथ आए थे और शायद पहली बार जहाज में बैठे थे। उसके बाद तो फिर बहुत बार बैठे होंगे लेकिन शरुआत

तो की थी न। वहां भी मैंने अपनी दोस्ती निभाने की कोशिश की है और इसीलिए हम उस बिल्डिंग को बना रहे हैं। फिर आगे का पन्ना खाली था और उस पन्ने के बाद उसमें लिखा हुआ था कि जीवन फीलिंग का नाम है, अगर आप घूमने निकले और ठंडी हवा का झोंका आए, उस हवा की खुशबू से आपने महसूस किया कि आह! कितनी खुशबू आ रही है! तो आपको बचपन की कोई याद आ गई। कभी अपने दादा की गोद याद आ गई, कभी अपनी बुआ के भजन याद आ गए, कभी बचपन की दिवाली याद आ गई कभी बचपन की होली याद आ गई, कभी बचपन के स्कूल के नाटक याद आ गए, कभी बचपन का पुराना दोस्त याद आ गया, कभी कोई टायर चलाना आ गया। हर चीज एक खुशबू से, हर चीज किसी गाने से, हर चीज किसी भजन से, हर चीज किसी खुशबू या हवा से जुड़ी रहती है और जब भी जीवन में वो खुशबू दोबारा आए, वो खुशबुएं फिर से महसूस हों तो आपको फिर से एहसास दिलाते हैं उस समय का, उस खूबसूरती का। श्रेया ने डायरी बंद की और सोने चली गई, उसका काम पूरा हो गया था। अगले दिन जब उसकी नींद खुली तो बाहर बोलने की, चहकने की, कहकहों की आवाज आ रही थी। वो उठी, उसने देखा कि यश भी उठ चुका था और वहां नहीं था। बाहर उसने झांककर देखा कि सबलोग नाश्ता कर रहे थे। वो बाहर आई, उसने बोला कि मुझे नहीं बताया आपने! वो बोले – बेटा, आप रात को देर तक अंकल की डायरी पढ़ रहे थे, हमें पता है। आप सो रहे थे, इसलिए हमने आपको नहीं उठाया। श्रेया ने पूछा – आपलोगों ने पढ़ी अंकल की डायरी? सबने कहा – नहीं पढ़ी। पढ़ियेगा, ये डायरी नहीं, जादू है। जाओ बेटा, नहा लो। नाश्ता करते हैं, फिर अंकल को फोन करते हैं। उन्होंने मनोज को फोन

लगाया, पर मनोज तो न्यूजीलैण्ड में था। न्यूजीलैण्ड में थोड़ी देर बाद उनका फोन लगा, सबलोग उस वॉट्सऐप कॉल में आ गए थे। न्यूज़ीलैण्ड में बंजी जम्पिंग का खास शौक रखते हैं लोग, इस पहाड़ी से बंजी जम्पिंग एक चुनौतीपूर्ण खेल रहा है।, । भारतीय क्रिकेट टीम के दौरे में कुछ साल पहले आयोजकों ने तब के कप्तान महेन्द्र सिंह धोनी को भी इस जम्पिंग को करने की चुनौती दी थी, मगर टाइट शेड्यूल होने की वजह से वो इसमें भाग नहीं ले सके थे। आज मनोज खास तौर पर इसी जम्पिंग के लिए न्यूज़ीलैण्ड आया था, इंटरनेट के जरिये उसने अपनी हवाई यात्रा व जम्पिंग के शेड्यूल तय किए थे। पहले तो आयोजकों ने मनोज को इसकी अनुमति देने से मना कर दिया, पर दो–तीन दिन की जद्दोजहद के बाद उसे इसमें सफलता मिल गई थी। और आज वो दिन था। शेड्यूल में उसका छठा नम्बर था लेकिन आज उसका उत्साह देखते ही बनता था। सांसों पर, घबराहट पर उसका पूरा कंट्रोल था। उसे जानने वाले अपनी आंखों पर एकाएक विश्वास नहीं कर सकते थे। पहाड़ी पर नीचे बेस पर उसकी पत्नी तक को विश्वास नहीं हो रहा था कि ये वही है जिसके साथ वो पिछले बाईस बरसों से है, वो सोच रही थी लोगों के बारे में किताबों में पढ़ा था, किस्से–कहानियां फिल्मों में होती थीं, पर जीवन और हकीकत में ये जज्बा उसके पति में होगा ऐसा तो उसने सोचा नहीं था। उसने अपने आप को चिकोटी काटी, देखने को कि कहीं ये सपना तो नहीं है। जिस पति को कोसते ही रही थी, जिसके लिए उसके पास शिकायतें–ही–शिकायतें ही रही थीं, वो मुस्कुराता उसके सामने था। उसकी बेट्ी पापा का उत्साह बढ़ा रही थी। उसने पास में देखा कि बेटी चिल्ला रही थी और लोग भी चिल्ला–चिल्लाकर लोगों का

हौसला बढ़ा रहे थे। बेटी में भी उसे अपने पापा का ही अक्स दिखा। वो ये भूल गई थी कि घूमने के लिए जो मन हमेशा तरसता रहता था, न्यूज़ीलैण्ड आकर भी उसे पता नहीं क्या हो गया था, घूमना तो वो जैसे भूल गई थी। ''पापा का नम्बर!'', बेटी ने चिल्लाकर कहा, तो उसकी तन्द्रा टूटी। मनोज के पैरों में रस्सी बांधी जा रही थी। उसका दिल जोर–जोर से धड़क रहा था। उसने मनोज को देखा, उसमें उसे एक योगी का अक्स नजर आया, जैसे उसने पिछले दस वर्षों में डर को जीत लिया था। उधर मनोज बिल्कुल शांत था। उसने दस साल पहले की उस पंचलाइन को याद किया जिसने उसे जीवन का मतलब समझाया था – 'डर के आगे जीत है'। उसने बेस में खड़ी अपनी बेटी, जो उसका उत्साह बढ़ा रही थी, उसे फ्लाईंग किस दी और छलांग लगा दी। ये रोमांच अनोखा था, दस–पन्द्रह सेकेण्ड के इस एडवेन्चरस स्पोर्ट्स में आप दूसरे लोक में होते थे। रस्सी खुलती चली गई और मनोज इन घनी पहाड़ियों में था। बेटी हुर्रे–हुर्रे चिल्ला रही थी और उसकी पत्नी, उसे तो जैसे सांप सूंघ गया था। वो पास के पत्थर पर बैठ गई। थोड़ी देर बाद बेस एरिया से मनोज नाचता हुआ आता दिखाई दिया। बेटी पापा की ओर दौड़ी, पापा ने उसे गले लगा लिया। पापा–बेटी को देखकर उसके आंसू झलक आए, हमेशा की तरह उसे दो डायलॉग सुनाई दिये – 'पापा, मैं भी जम्पिंग करूंगी' और दूसरा उसके पति का कि 'तुम भी ट्राई करो, गजब की चीज है'। उसने अपने पति को देखा, पचपन बरस की उम्र और दिल बिल्कुल बच्चों सा। मगर एक चीज जो उसने पिछले दस–बरसों में देखी थी – वो था 'जज्बा'। उसने ऊपर देखा – नीला आसमान। फोन की घंटी बजी, बेटी ने कहा – जरूर काका का फोन होगा। ''हैलो! हाँ! लो,

इन्हीं से बात करो”, कहकर उसने फोन मनोज को दे दिया। उसे वही डयालॉग सुनाई दिया, जो पिछले दस बरस में उसे याद हो गया था – अरे भैंस की पूंछ, ये भी कर डाला मैंने! और फिर ठहाका। देर तक मनोज से बातचीत करने के बाद सबने बनती हुई टीनएजर सोसायटी को देखने का प्रोग्राम बनाया और रवाना हो गए। श्रेया ये सोचकर एक्साइट हुए जा रही थी कि इस सोसायटी में पापा–मम्मी और सारे दोस्त एक साथ रहेंगे तो अकेलापन नहीं होगा, मेरी शादी और यश के मुंबई जाने के बाद मम्मी–पापा अकेले नहीं होंगे। ये सोचकर वो खुश थी। पर प्रकृति तो जीवन को जैसे और भी रहस्यमयी बनाने को तैयार बैठी थी।